働き方改革と所得税

サイドビジネス・フリーランスの税金

日景 智 著

税務研究会出版局

はじめに

　本書のテーマは、「働き方改革」の時代と所得税です。
　わが国では、現在、「働き方改革」が進行中であるといわれます。因みに、2017年を「働き方改革元年」というのだそうです。
　政府の推し進めている「働き方改革」には、様々なアプローチがあるようですが、その中で、これまでの正社員という雇用形態に捉われない働き方の多様化や複線化へ向けた取組みが注目されています。
　この取組みにおいては、勤務先からの時間的・空間的拘束を受けない働き方、すなわち、フリーランス（自由職業・自由業）という働き方やいわゆる「副業」（サイドビジネス）といった働き方が推奨されています。

　正社員として働くことにより得られる本業の所得（給料や賞与など）については、「給与所得」として所得税が課されます。一方、サイドビジネスとかフリーランスといった働き方によって得られる報酬については、多くの場合、雑所得をはじめ、給与所得以外の所得として所得税が課されることになります。
　このことが、所得税等にどのような影響を及ぼすのか、これを分かりやすく解き明かすのが本書の目的です。

　現在進められている「働き方改革」の進行に伴い、今後、テレワーク（在宅勤務）や裁量労働制に加え、兼業や副業、フリーランスといった働き方が浸透し、所得の稼得方法の多様化が進んでいくことが想定されています。
　このような現象は、従来、所得税について自ら、税務署に申告書を提出することも、税額の納付を行うこともないまま給与からの天引きによ

り税負担をしてきた（させられてきた）給与所得者とその予備軍が、自らによる所得税の申告書の作成・提出と税額の天引きの方法によらない納付を求められるようになるという事態を招くことを意味しているといえます。

　新たな「働き方」から生じる所得については、本業の正社員としての給料や賃金と同様「給与所得」に区分されるものもありますが、「給与所得」以外の「雑所得」あるいは「事業所得」その他の所得に区分されるものもあると考えられます。
　より具体的にいえば、例えば、テレワークや裁量労働制に基づく勤務の対価は、雇用契約に基づくものであり、「給与所得」に区分されるものと考えられますし、「副業」でも、正社員としての勤務先とは別の新たな副業に係る勤務先との間の雇用契約に基づくものであれば、その対価は「給与所得」に区分され、従来からの勤務先からの給与と合算して課税されることになるでしょう。
　これに対し、一般的に「サイドビジネス」あるいは「フリーランス」と称されるような働き方による所得は、給与所得以外の「雑所得」や「事業所得」などに区分されることになる例が多いと思われます。
　所得税は、所得の多寡に応じて負担を求められる税金ですから、従来からの給与以外に収入が増えれば、金額的に税負担が増えることは当然なのですが、従来からの勤務先の給与のみであれば、勤務先で年末調整を受ければ所得税の確定申告といった面倒な手続を求められることがなかったのが、働き方を変えることにより、そういった手続面の負担も増えてくるものと考えられるのです。

　＜本書の構成＞
　本書では、序章で、所得税の全体像を紹介し、その上で、第1編で、現在、就業人口の大部分を占めている給与所得者の所得税がどのようになって

いるのかを、所得金額の計算方法や源泉徴収制度、確定申告手続の観点から解説し、第2編では、「働き方改革」による新たな働き方によって、所得税の課税関係についてどのような影響が生じてくるのかに関し、所得区分の解説と確定申告手続を中心に説明します。

　さらに、給与所得者がリタイアした後の所得税について、公的年金等や生命保険契約等に基づく年金に対する所得税について説明します。

　わが国の所得税については、申告納税制度が中心に据えられているのですが、これを補完する源泉徴収制度が充実しています。本書では、このような制度が所得者からはどのように捉えられるのかという視点から説明を試みます。

　なお、平成30年度（2018年度）の税制改正では給与所得者とフリーランスなどの事業所得者等との間の所得計算・所得控除の面からの公平に配慮した改正が行われています。この改正は、平成32年（2020年）から適用されることとされていますが、本書では、この改正の内容についても説明に織り込んでいます。

　平成30年11月

日景　智

◆ 目　　次 ◆

- 序章　所得税の概要・仕組み……………………………………… 2
  - 1．所得税の対象となる所得とは？………………………………… 2
  - 2．総合課税の原則…………………………………………………… 4
  - 3．課税所得金額の計算（所得控除）……………………………… 7
  - 4．所得税の納税額の計算の流れ…………………………………… 11
  - 5．申告納税制度と所得税の申告義務……………………………… 16
  - 6．確定申告期限と納期限…………………………………………… 18
  - 7．還付を受けるための申告・純損失等の金額を翌年以後に繰り越すための申告 … 19

第1編　給与所得者の所得税

第1章　給与所得の金額の計算 …………………………………… 24
- 1．給与所得の原則的計算方法……………………………………… 25
- 2．特定支出控除制度………………………………………………… 28
  - (1) 特定支出の範囲 ……………………………………………… 28
  - (2) 特定支出控除が適用できる場合 …………………………… 30
  - (3) 特定支出控除の適用の手続 ………………………………… 31
- 3．給与に関連する非課税所得……………………………………… 33
  - (1) 通勤手当等 …………………………………………………… 33
  - (2) 旅費 …………………………………………………………… 33
  - (3) 食事代 ………………………………………………………… 34
  - (4) 結婚・出産祝の金品や香典、見舞金 ……………………… 34
  - (5) 学資金 ………………………………………………………… 35
  - (6) 労働基準法の規定による災害補償 ………………………… 35
- 4．現物給与その他金銭以外の収入の取扱い……………………… 36

(1) 商品・製品等の値引き販売 ……………………………… 36
　　(2) 住宅等の貸与 …………………………………………… 36
　　(3) 株式関連報酬 …………………………………………… 37

第2章　給与所得の源泉徴収と年末調整 ……………………… 40
　1．給与所得の源泉徴収の仕組み（源泉徴収税額表等の区分）… 41
　　(1) 給与所得の源泉徴収税額表の区分（賞与以外の通常の給与）…… 42
　　(2)「給与所得者の扶養控除等申告書」………………………… 43
　　(3) 通常の給与の源泉徴収税額の求め方 …………………… 49
　　　＜参考1＞　電子計算機により源泉徴収税額の計算をする場合の月額表甲欄の特例… 51
　　　＜参考2＞　「従たる給与についての扶養控除等申告書」を提出できる場合… 54
　　(4) 賞与（ボーナス）に対する源泉徴収税額 ……………… 55
　2．年末調整 …………………………………………………… 60
　　(1) 年末調整の対象者 ……………………………………… 61
　　(2) 年末調整を行う時期 …………………………………… 61
　　(3) 年末調整の手順 ………………………………………… 62
　　(4) 年末調整のために提出すべき書類 …………………… 62
　　　＜参考＞　「給与所得者の扶養控除等申告書」の役割 ……… 63
　　(5) 課税給与所得金額の計算 ……………………………… 67
　　(6) 年調年税額の計算と過不足額の精算 ………………… 67
　　(7) 年末調整の再調整 ……………………………………… 68

第3章　給与所得者の確定申告 …………………………………… 69
　1．給与所得者が確定申告を要しない場合（確定申告不要制度）… 70
　　　＜参考1＞　「給与所得及び退職所得以外の所得金額」に関するQ＆A … 73
　　　＜参考2＞　個人住民税の取扱い …………………………… 77

2．給与所得者が確定申告を要する場合 ………………………… 78
 （1）確定申告書の記載事項 ………………………………… 79
 （2）確定申告書の使用区分 ………………………………… 79
 （3）確定申告書の添付書類等 ……………………………… 80
　　＜参考＞　e-Taxによる確定申告の場合 ………………… 83
 （4）確定申告書の提出先 …………………………………… 84
 3．給与所得者が還付申告をすることができる場合 …………… 86
　　＜参考＞　雑損失の繰越控除・上場株式等の譲渡損失の繰越控除等のための申告 … 87

第2編　サイドビジネス・フリーランスと所得税等

第1章　サイドビジネス・フリーランスの所得区分 ………… 92
 1．各種所得の区分等 ……………………………………………… 93
 （1）所得区分等の基本 ……………………………………… 94
　　＜参考＞　上場株式等の配当所得等の課税関係について …… 96
 （2）給与所得と事業所得・雑所得との区分 ……………… 98
 （3）事業所得と雑所得との区分 …………………………… 100
 2．各種のサイドビジネス・フリーランスに係る所得の区分 … 104
 （1）フリーランスの所得 …………………………………… 104
 （2）オンライントレードによる所得 ……………………… 106
　　TOPIC1　仮想通貨の取引等による所得 ………………… 107
 （3）アフィリエイトによる所得 …………………………… 108
 （4）ネットオークションやフリマアプリによる所得 ……… 109
 （5）不動産投資（賃貸ビジネス）による所得 …………… 111
　　TOPIC2　民泊による所得 ………………………………… 112
 （6）雇用契約（アルバイト・ダブルワーク）による所得 …… 112

TOPIC3 馬券の払戻金の所得区分（ギャンブルから生じる所得）について…113

第2章 サイドビジネス・フリーランスと所得税 …… 117
1．サイドビジネスやフリーランスによる所得と確定申告……… 118
　（1）確定申告の要否の判定等 …………………………………… 118
　（2）事業所得と雑所得の区分に関する注意点 ………………… 119
　　＜参考1＞　青色申告制度と記帳記録保存制度（青色申告決算書と収支内訳書）…122
　　＜参考2＞　家内労働者等の必要経費の特例（措法27）…… 123
　（3）不動産所得に関する注意点 ………………………………… 125
　　＜参考＞　任意組合やパートナーシップを通じた不動産投資（措法41の4の2）…129
　（4）上場株式等に係る譲渡所得等 ……………………………… 130
　（5）先物取引に係る雑所得等 …………………………………… 131
2．報酬・料金の源泉徴収を受ける場合………………………… 133
　（1）フリーランスに係る所得と源泉徴収 ……………………… 133
　（2）確定申告による税額の精算 ………………………………… 133
3．個人住民税について……………………………………………… 135
　（1）個人住民税の計算 …………………………………………… 135
　（2）個人住民税の確定手続 ……………………………………… 136
　（3）個人住民税の普通徴収と特別徴収 ………………………… 137
　　＜参考＞　普通徴収か特別徴収かの選択－副業所得がある場合など－…137

第3章 サイドビジネス・フリーランスと消費税 …… 138
1．消費税における「事業者」と所得税法上の所得区分………… 139
2．消費税の免税事業者……………………………………………… 140
　（1）消費税の課税対象と課税売上高 …………………………… 140

(2) 免税事業者と課税事業者 …………………………… 140
　3．消費税課税事業者の選択………………………………… 142
　　(1) 消費税課税事業選択と還付申告 …………………… 142
　　(2) 選択の取りやめ ……………………………………… 143
　　＜参考１＞　消費税の所轄税務署（書類の提出先）………143
　　＜参考２＞　消費税課税事業者選択届出書や選択不適用届出書と提出期限…144
　4．軽減税率の導入とインボイス …………………………… 145
　　(1) 消費税率の引上げと軽減税率の導入 ……………… 145
　　(2) インボイス制度の採用と経過措置 ………………… 146

第３編　年金収入と所得税

第１章　公的年金等と所得税 ……………………………… 151
　１．公的年金等の雑所得の範囲……………………………… 152
　　＜参考＞　非課税の年金…………………………………152
　２．公的年金等の雑所得の金額の計算……………………… 153
　　(1) 公的年金等の収入金額 ……………………………… 153
　　(2) 公的年金等控除額 …………………………………… 153
　　(3) 公的年金等に係る雑所得の速算表 ………………… 154
　　＜参考＞　平成32年（2020年）以後の年分の公的年金等控除額（平成30年度改正）…155
　３．公的年金等に対する源泉徴収…………………………… 156
　　(1) 公的年金等の扶養親族等申告書 …………………… 156
　　(2) 公的年金等の源泉徴収税額 ………………………… 158
　４．公的年金等と確定申告…………………………………… 161
　　(1) 公的年金等の収入がある場合の確定申告の要否 … 161
　　(2) 確定申告書の記載事項・添付書類等 ……………… 162

＜参考１＞　給与所得と公的年金等がある場合の申告不要制度の適否について …163
　　＜参考２＞　公的年金から天引きされる介護保険料等について …164

第２章　個人年金と所得税 ……………………………………… 165
　１．個人年金に係る雑所得の範囲………………………………… 166
　２．個人年金保険料の負担者が支払を受ける個人年金…………… 167
　　(1) 所得金額の計算 …………………………………………… 167
　　(2) 個人年金に対する源泉徴収 ……………………………… 168
　３．相続・贈与等により取得した年金受給権に基づく年金……… 169
　　(1) 相続・贈与等により取得した年金受給権に基づく年金の種類… 169
　　(2) 旧相続税法対象年金に係る所得金額の計算 …………… 170
　　(3) 新相続税法対象年金に係る所得金額の計算 …………… 171
　４．個人年金に係る雑所得と確定申告…………………………… 172
　　(1) 個人年金に係る雑所得がある人の確定申告の要否 ……… 172
　　(2) 個人年金に係る雑所得がある人の確定申告を要しない場合と注意点… 172
　　　＜参考＞　個人年金を繰り上げて一時金の支払を受ける場合…174

第４編　確定申告書の記載例

≪設例１≫　会社員が退職し、フリーランスの仕事を始めた場合… 177
≪設例２≫　会社員に副業のアルバイト収入（給与）がある場合… 183
≪設例３≫　会社員が副業をしている場合……………………… 188
≪設例４≫　会社員がサイドビジネスでワンルームマンションの賃貸をしている場合… 192
≪設例５≫　公的年金等受給者が専属のコンサルタントとして報酬を得ている場合… 199

参考資料

1. 給与所得者の特定支出に関する明細書 …………………………… 204
2. 特定支出（通勤費）に関する証明書 ……………………………… 208
3. 平成30年分　給与所得者の扶養控除等（異動）申告書 …… 209
4. 障害者、寡婦（寡夫）、勤労学生等の範囲 …………………… 210
5. 平成30年分　給与所得者の配偶者控除等申告書 ………… 212
6. 平成30年分　給与所得者の保険料控除申告書 …………… 213
7. 青色申告決算書 ……………………………………………………… 214
8. 収支内訳書 …………………………………………………………… 222
9. 家内労働者等の事業所得等の所得計算の特例の適用を受ける場合の必要経費の額の計算書… 226
10. 株式等に係る譲渡所得等の金額の計算明細書　………………… 227
11. 確定申告書付表（上場株式等に係る譲渡損失の損益通算及び繰越控除用）… 229
12. 先物取引に係る雑所得等の金額の計算明細書　………………… 231
13. 確定申告書付表(先物取引に係る繰越損失用) ……………… 232
14. 消費税課税事業者選択届出書　…………………………………… 233
15. 消費税課税事業者選択不適用届出書　…………………………… 234
16. 平成30年分　公的年金等の受給者の扶養親族等申告書…… 235
17. 相続等に係る生命保険契約等に基づく年金の雑所得の金額の計算書（本表）… 236
18. 相続等に係る生命保険契約等に基づく年金の雑所得の金額の計算書
　　（所得税法施行令第185条第2項又は第186条第2項に基づき計算する場合）… 238

序章

所得税の概要・仕組み

序章 所得税の概要・仕組み

▌1▌ 所得税の対象となる所得とは？

　所得税は、いうまでもなく個人の所得にかかる税金です。このことを「所得税の課税物件は個人の所得である」などといいます。

　では、「所得」とは何か？これは、法律で明確に規定されているわけではありません。

　所得税法では、所得が利子所得、配当所得、不動産所得、事業所得、給与所得、退職所得、山林所得、譲渡所得、一時所得及び雑所得10種類に区分されており、各区分ごとに定義されています。したがって、これらの区分ごとの定義の内容を集積すれば「所得」の全体像が明らかになりそうですが、実は、これらのうち最後の10番目に定義されている「雑所得」とは、それ以外の9種類の所得のいずれにも該当しない所得のことをいうこととされていますので、結局のところ、所得税法では、「所得」というものの全体像が明らかにされているとはいえないことになります。

　とはいっても、「所得」とは何かがあらかじめ分かっていなければ、所得税という税金がどのような場合にかかってくるのかが分からないという問題も生じてきます。

　「所得」とは、一般的には「経済的な利得」のことを指すと考えられるところであり、これをやや難しく説明すると、「外部からの経済的価値の流入」ということになります。

　因みに、各種所得の金額は、次表のとおり、それぞれの（総）収入金額を基礎として計算することとされていますが、その（総）収入金額について規定する所得税法36条では、金銭に加え、物や権利のほか経済的利益による収入が掲げられており、これらの経済的価値の（外部からの）流入が所得であると理解することもできそうです。

各種所得の金額の計算方法

所得の区分		計算方法
利子所得	預貯金や公社債の利子 合同運用信託・公社債投資信託・公募公社債等運用投資信託の収益の分配	利子所得の金額 ＝ 利子所得の収入金額
配当所得	株主等が受ける剰余金の配当で一定のもの 投資信託（公社債投資信託及び公募公社債等運用投資信託以外のもの）・特定受益証券発行信託の収益の分配など	配当所得の金額 ＝ 配当所得の収入金額 － 配当等の元本を取得するための負債利子
不動産所得	不動産・不動産の上に存する権利・船舶・航空機の貸付け（これらを使用させることを含む）による所得	不動産所得の金額 ＝ 不動産所得の総収入金額 － 必要経費
事業所得	事業（不動産貸付業を除く）から生ずる所得	事業所得の金額 ＝ 事業所得の総収入金額 － 必要経費
給与所得	勤務先から受ける給料、賃金、賞与など	給与所得の金額 ＝ 給与所得の収入金額 － 給与所得控除額 ※ 特定支出控除の特例あり
退職所得	勤務先の退職により受ける退職金など	退職所得の金額 ＝ (退職所得の収入金額 － 退職所得控除額) × $\frac{1}{2}$ ※ 特定役員退職金の特例あり
山林所得	山林（立木）の伐採・譲渡による所得	山林所得の金額 ＝ 山林所得の総収入金額 － 必要経費 － 特別控除額
譲渡所得	資産（棚卸資産・山林を除く）の譲渡による所得	譲渡所得の金額 ＝ 譲渡所得の総収入金額 － (取得費＋譲渡費用) － 特別控除額 ※ 長期・短期の別に計算
一時所得	上の8種類の所得のいずれにも該当しない所得のうち、営利を目的とする継続的行為から生じた所得以外の一時の所得で、役務や資産の譲渡の対価としての性質を有しないもの	一時所得の金額 ＝ 一時所得の総収入金額 － 収入を得るために支出した金額 － 特別控除額
雑所得	上の9種類の所得のいずれにも該当しない所得	雑所得の金額＝①＋② ①＝公的年金等の収入金額－公的年金等控除額 ②＝公的年金等以外の雑所得の総収入金額 － 必要経費

2 総合課税の原則

1で述べたように、所得税法では、所得が10種類に区分されており、所得金額の計算方法もそれぞれ各別に定められていますが、税額の計算は、各種所得の金額ごとに別々に行うのではなく、原則として、各種所得の金額を合計するなどして計算した総所得金額（不動産所得や事業所得などの一部の赤字の金額を除き、赤字の金額は反映されません。）から納税者個々の親族などの状況や負担した医療費、保険料などに基づいて計算される所得控除の額を差し引いた課税総所得金額に対して所定の税率を掛けて税額を計算する仕組みになっています。これを「総合課税」といいます。

ただし、退職所得や山林所得のほか、土地や建物の譲渡による譲渡所得など租税特別措置法の規定で「分離課税」とされているものについては、各別に税額計算を行うことになっています。

　（注）　不動産所得や事業所得の赤字の金額については、総所得金額等を計算する際に他の所得から差し引くことができます。これを「損益通算」といいます（所法69）。ただし、不動産所得の赤字の金額のうち、貸付物件の土地や敷地の取得のための負債の利子に相当する部分の金額などは、損益通算の対象外とされています（措法41の4）。
　　　　また、損益通算の対象とされる赤字の金額が他の所得の黒字の金額（0を含みます。）を上回っている場合、その差額を「純損失の金額」といい、青色申告書を提出しているなど一定の要件に該当すれば、翌年以後3年間の各年分に順次繰り越して控除を受けることができることになっています。これを「純損失の繰越控除」といいます（所法70）。

なお、租税特別措置法の規定により分離課税とされる所得には、預貯金の利子などのように所得税の源泉徴収により課税関係が完結する「源泉分離課税」の所得と申告により税額を確定（精算）することを原則とする「申告分離課税」の所得があります。

　（注）　源泉分離課税の所得については、所得税の源泉徴収により課税関係が完結するため、その所得を申告する必要がないのはもちろんですが、申告することによってその源泉徴収税額の還付を受けることもできません。

所得の区分ごとに課税方法を整理すると、次のようになります。

所得の区分と課税方法

区　分	概　　要	課税方法
利　子　所　得	国外で支払われる預金等の利子などの所得	総　合
	特定公社債の利子などの所得 ※確定申告不要制度があります。	申告分離
	預貯金の利子などの所得	源泉分離
配　当　所　得	法人から受ける剰余金の配当、公募株式等証券投資信託の収益の分配などの所得 ※確定申告不要制度があります。 （申告分離課税を選択したものを除く。）	総　合
	上場株式等の配当等、公募株式等証券投資信託の収益の分配などで申告分離課税を選択したものの所得　　　※確定申告不要制度があります。	申告分離
	特定目的信託（私募のものに限ります。）の社債的受益権の収益の分配などの所得	源泉分離
不　動　産　所　得	土地や建物、船舶や航空機などの貸付けから生ずる所得	総　合
事　業　所　得	商・工業や漁業、農業、自由職業などの自営業から生ずる所得	総　合
	事業として行う、株式等の譲渡による所得や先物取引に係る所得	申告分離
給　与　所　得	俸給や給料、賃金、賞与、歳費などの所得	総　合
退　職　所　得	退職金、一時恩給、確定給付企業年金法及び確定拠出年金法による一時払の老齢給付金などの所得 ※一般的には確定申告を要しません。	申告分離

山林所得	所有期間が5年を超える山林（立木）を伐採して譲渡したことなどによる所得		申告分離
譲渡所得	ゴルフ会員権や金地金、機械などを譲渡したことによる所得	※資産の継続的な売買による所得は、一般的には、事業所得又は雑所得に該当する。	総合
	土地や建物、借地権、株式等を譲渡したことによる所得		申告分離
	貴金属などの売戻し条件付売買の利益（金投資口座の利益など）		源泉分離
一時所得	生命保険の一時金、賞金や懸賞当せん金などの所得		総合
	保険・共済期間が5年以下の一定の一時払養老保険や一時払損害保険の所得など		源泉分離
雑所得	公的年金等	国民年金、厚生年金、確定給付企業年金、確定拠出企業年金、恩給、一定の外国年金などの所得	総合
	その他	原稿料や講演料、生命保険の年金など他の所得に当てはまらない所得	
		事業に該当しない継続的な株式等の譲渡や先物取引による所得	申告分離
		定期積金の給付補填金、一定の抵当証券の利息など	源泉分離

3 課税所得金額の計算（所得控除）

　所得税は、所得にかかってくる税金なのですが、各種所得の金額に基づいて計算した総所得金額等に直接税率を適用して税額を計算するのではなく、そこから個々の納税者の状況等に応じて計算される所得控除の額を差し引いた課税総所得金額等に税率を適用して税額を計算する仕組みになっています。

　所得控除には、次表のとおり、災害などに伴う住宅家財等に生じた損失の額等に基づく雑損控除やその年中に支払った医療費の額に基づいて計算する医療費控除などの「物的控除」と納税者自身が障害者や寡婦などに該当する、あるいは納税者が、所得金額が一定以下の生計を一にする配偶者や親族を有するといった所定の状況に該当することに基づき、一定の控除額が認められる「人的控除」とがあります。

種類		控除を受けられる場合		参考
物的控除	雑損控除	災害や盗難、横領により住宅や家財などに損害を受けた		
	医療費控除	一定額以上の医療費等の支払がある		セルフメディケーション税制の特例あり
	社会保険料控除	健康保険料・国民健康保険料、介護保険料、国民年金保険料などの支払がある		
	小規模企業共済等掛金控除	小規模企業共済契約の掛金・確定拠出年金の企業型年金加入者掛金や個人型年金加入者掛金・心身障害者扶養共済掛金の支払がある		
	生命保険料控除	生命保険料（新・旧）や介護医療保険料、個人年金保険料（新・旧）の支払がある		
	地震保険料控除	地震保険料や旧長期損害保険料の支払がある		
	寄附金控除	国や地方公共団体に対する寄附金（ふるさと納税など）や特定の公益増進法人に対する寄附金、特定の政治献金などがある		
人的控除	障害者控除	納税者本人や同一生計配偶者、扶養親族が障害者である		
	寡婦・寡夫控除	納税者本人が寡婦又は寡夫である		
	勤労学生控除	納税者本人が勤労学生である		
	配偶者控除[1]	控除対象配偶者がいる	納税者本人の合計所得金額900万円超で控除額が逓減、1,000万円超で消失。	2018年分～逓減・消失制度
	配偶者特別控除[1,2]	配偶者の合計所得金額が38万円を超え、123万円以下である		2018年分～配偶者の所得要件緩和
	扶養控除	控除対象扶養親族がいる（控除対象扶養親族ごとの控除額を合計）		
	基礎控除[3]	全ての居住者に一律に適用(2019年分まで)		2020年分～48万円に引上げただし、逓減・消失制度を導入

（注）1　配偶者控除と配偶者特別控除については、平成30年（2018年）分から納税者本人の合計所得金額が900万円を超えると控除額が逓減し、1,000万円を超えると控除が受けられなくなりました。

　　　2　配偶者特別控除については、配偶者の合計所得金額要件が緩和され、配偶者の合計所得金額が123万円以下（改正前76万円以下）まで引き上げ

られており、配偶者の合計所得金額が38万円を超え85万円以下（改正前40万円以下）の場合の控除額が配偶者控除と同額（上限38万円）とされました。
3 基礎控除については、平成32年（2020年）分から48万円（改正前38万円）に引き上げられますが、納税者本人の合計所得金額が2,400万円を超えると逓減し、2,500万円を超えると控除が受けられなくなります。

　所得控除は、納税者が一定の事由により家計から余儀なく支出した金額や本人や家族の状況に応じた生計費を考慮したものです。このことを指して、所得控除は「応能負担」に配慮したものであるなどといわれます。
　別の観点からすると、所得控除はその合計額が所得税のかからない総所得金額等の水準を示しているということもできます。つまり、個々の納税者の所得控除の合計額は、その納税者の所得税のかからない所得金額のレベルを示しており、そのレベルを超えた所得金額が課税の対象になっているといえるのです。
　なお、所得控除は、現在、全部で14種類ありますが、このうち、雑損控除だけは他の控除に先んじて差し引くことになっています（所法87①）。そして、雑損控除額が総所得金額等を上回っている場合には、その差額に相当する金額については、翌年以後3年間の各年分に順次繰り越して控除を受けることができることになっています。これを「雑損失の繰越控除」といいます（所法71）。
　また、納税者に総所得金額以外に分離課税の所得がある場合の所得控除は、まず、総所得金額から差し引くことになっています。そこで引ききれない金額については、短期譲渡所得の金額（一般所得分・軽減所得分の順）から差し引き、次に、長期譲渡所得の金額（一般所得分・特定所得分・軽課所得分）、上場株式等に係る配当所得等の金額、一般株式等に係る譲渡所得等の金額、上場株式等に係る譲渡所得等の金額及び先物取引に係る雑所得等の金額から（原則として、適用税率の高いものから順次）差し引き、さらに引ききれない金額については、山林所得金額と退職所得金額から順次差し引くこととされています（所法87②、措通31・32共－4）。

「総所得金額等」とは

　所得税の課税標準は、所得税法第22条で、総所得金額、退職所得金額及び山林所得金額であると規定されています。ただし、租税特別措置法の規定により、上場株式等の配当所得等の金額や長期（短期）譲渡所得の金額、一般株式等の譲渡所得等の金額、上場株式等の譲渡所得等の金額、先物取引等の雑所得等の金額については、総所得金額から分離し、申告分離課税で課税されることとされています。

　「総所得金額等」とは、所得税法第22条に規定する課税標準（総所得金額、退職所得金額及び山林所得金額）の合計額のことをいいますが、租税特別措置法の規定により申告分離課税とされる所得がある場合にはこれらの金額を加算した金額となります。

　したがって、「総所得金額等」とは、総所得金額、上場株式等の配当所得等の金額、長期（短期）譲渡所得の金額、一般株式等の譲渡所得等の金額、上場株式等の譲渡所得等の金額、先物取引等の雑所得等の金額、退職所得金額及び山林所得金額の合計額であるということになります。

　なお、これらの金額から、所得控除の額を上で説明したところにより差し引いた後の金額の合計額のことを「課税総所得金額等」といいます。

「合計所得金額」とは

　「合計所得金額」は、配偶者控除や扶養控除の対象となる「控除対象配偶者」や「控除対象扶養親族」などの要件とされているものです。

　この「合計所得金額」というのは、「総所得金額等」と概ね同じなのですが、純損失や雑損失の繰越控除が適用される場合には、その適用がないとして計算した場合の金額を指しますので、この場合は、異なる金額になります。

4 所得税の納税額の計算の流れ

　所得税は、3で説明したように、総所得金額等から各種の所得控除を差し引いた課税総所得金額等に税率を適用して計算する仕組みになっています。課税総所得金額や課税退職所得金額、課税山林所得金額については、最低5％から最高45％までの超過累進税率が適用されます。このうち、課税山林所得金額についてはその5分の1に相当する金額に税率を適用して計算した金額を5倍して税額を求めるという「5分5乗方式」が採用されています。

　なお、課税総所得金額や課税退職所得金額に対する税額は、次の「所得税の速算表」により計算することができます。

所得税の速算表

課税される所得金額	税率	控除額
195万円以下	5％	0円
195万円を超え 330万円以下	10％	97,500円
330万円を超え 695万円以下	20％	427,500円
695万円を超え 900万円以下	23％	636,000円
900万円を超え 1,800万円以下	33％	1,536,000円
1,800万円を超え 4,000万円以下	40％	2,796,000円
4,000万円超	45％	4,796,000円

　また、課税長期（短期）譲渡所得金額や上場（一般）株式等の課税譲渡所得金額等など租税特別措置法の規定により分離課税とされるものについては、15％など一定の税率を適用して税額の計算を行います。

　以上で計算された税額の合計額から、税額控除の適用を受けられる場合は、その控除額を差し引き、また、給与などのようにその支払を受ける際に天引き（源泉徴収）された税額がある場合は、年間の源泉徴収税

額を差し引くなどして納税額(又は還付税額)を計算することになります。
　主な税額控除は、次のとおりです。

種　　類	控除を受けられる場合
配当控除	国内の会社からの一定の配当所得がある。 ※　上場株式等の配当所得で申告分離課税を選択したものを除く。
(特定増改築等) 住宅借入金等特別控除	住宅ローンで、居住用家屋の新築や購入、増改築等をし、又は、居住用家屋のバリアフリー改修工事や省エネ改修工事、多世帯同居改修工事等、耐久性向上改修工事等をして、6か月以内に居住の用に供した。
政党等寄附金特別控除	特定の政治献金で政党や政治資金団体に対するものがある。
認定NPO法人等寄附金特別控除	認定NPO法人等に対して支出した寄附金がある。
公益社団法人等寄附金特別控除	一定の公益社団法人や公益財団法人、学校法人等、社会福祉法人、更生保護法人に対して支出した寄附金や、国立大学法人や公立大学法人などに対して支出した寄附金で一定の要件を満たすものがある。
住宅耐震改修特別控除	居住用家屋の耐震改修をした。
住宅特定改修特別税額控除	居住用家屋のバリアフリー改修工事や省エネ改修工事、多世帯同居改修工事等、耐久性向上改修工事等をして、6か月以内に居住の用に供した。
認定住宅新築等特別税額控除	認定住宅の新築又は新築の認定住宅の購入をして、6か月以内に居住の用に供した。
外国税額控除	外国の法令により所得税に相当する税額を納付した。

　税額控除には、上表に掲げたもののほか、事業所得のある青色申告者のみが適用できる「試験研究を行った場合の所得税額の特別控除」や「中小事業者が機械等を取得した場合の所得税額の特別控除」などがあります。
　なお、平成25年から平成49年までの各年分においては、「復興特別所得税」としてその年分の「基準所得税額」(外国税額控除を差し引く前の

所得税額）の2.1％を所得税と併せて申告・納付することになっています。
　現行の復興特別所得税を含めた納税額（又は還付税額）の計算の流れは次のようになっています。

○所得税・復興特別所得税の税額計算の流れ

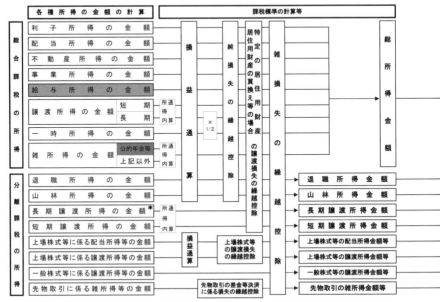

* 居住用財産の買換え等の場合の譲渡損失・特定の居住用財産の譲渡損失の金額については、総合課税の譲渡所得の金額との所得内通算及びその他の総合課税の各種所得の金額との損益通算可。

** 雑損控除の額は、他の所得控除の前に控除する(引ききれない金額は翌年以後に順次繰り越す(雑損失の繰越控除)。

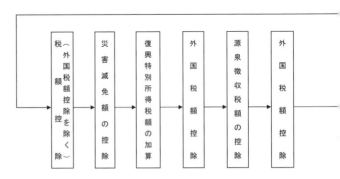

(注) 非課税所得(給与所得者の一定範囲内の通勤手当など)や源泉分離課税の所得のほか、上場株式の配当など申告不要制度の対象の所得のうち申告しないことを選択したものは、このフローには反映されません。

序章 所得税の概要・仕組み 15

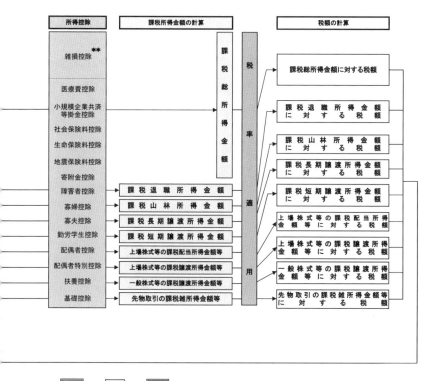

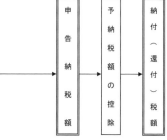

5 申告納税制度と所得税の申告義務

わが国では、所得税を含めほとんど全部の国税について申告納税制度が採用されています。

申告納税制度というのは、納税者が自ら課税標準（その税目の税額の計算の基礎となる数額をいいます。）や税額など所定の事項を記載した申告書を提出するとともに、その申告書に記載した税額を定められた期限内に納めるという制度です。

(注) 所得税の課税標準は、総所得金額、退職所得金額及び山林所得金額とされています（所法22）が、このほか租税特別措置法で申告分離課税とされている長期（短期）譲渡所得金額や上場株式等の譲渡所得等の金額などもこれに相当するものといえます。

申告納税制度は、納税者の納めるべき税額が、原則として、自らの確定申告によって確定する点に特色があり、この点において、民主的な制度であるといわれているところです。

また、税額の計算に必要な情報（所得税の場合、その年分の各種所得の金額の基礎となる（総）収入金額や必要経費などのほか、所得控除の計算の基礎となる情報）を最もよく知り得る立場にあるのは、本来納税者自身であるという点からすれば、申告納税制度は、合理的な制度であるということができます。

(注) 地方税については、主要な税目である個人住民税や固定資産税などで賦課課税制度が採用されています。
　なお、個人住民税については、所得税の確定申告をしない人は、支払者から給与支払報告書が提出されている給与や公的年金等支払報告書が提出されている公的年金等以外の所得がない場合を除き、その年1月1日における住所地の市区町村に個人住民税の申告書を提出する必要があります。この申告書は、市区町村における税額算定のためのいわば参考資料であって、所得税の確定申告書のように税額を確定するものではありません。

ところで、所得税については、日本国内に住所のある人など「居住者」に該当する人はすべての所得について納税義務を負うこととされている（所法7①一）のですが、すべての居住者に申告書を提出する義務が課

されているわけではありません。

簡単にいうと、総所得金額等が所得控除の合計額を上回らない人については、確定申告書を提出する義務がないのです。

> 総所得金額等　＜　所得控除の合計額　➡　所得税の申告義務なし

より厳密にいうと、所得税法120条では、その年分の総所得金額等が所得控除の合計額を超える場合で、その超える額（課税総所得金額等）に対する税額が、配当控除額（給与所得者で住宅ローン控除を年末調整で受けている人はその控除額を加えた金額）を超えるときに、所得税の確定申告書を提出する義務があるとされています。

この申告義務のルールからすると、フルタイムで働いている給与所得者のほとんどは所得税の確定申告書を提出しなければならないことになりそうですが、…。

> フルタイムで勤務するサラリーマンは、所得税の確定申告をしなければならない???

これについて、詳しくは、**第1編第3章**で説明しますが、給与所得者については、年収2,000万円以下で、支払を受ける給与について所得税の源泉徴収を受けていれば、ほとんどの場合、所得税法121条1項に規定する「確定申告不要制度」が適用されるので、上で説明した所得税の確定申告義務を免れることになっているのです。

ここで重要な役割を果たすのが、**第1編第2章**で説明する年末調整です。

つまり、わが国では、所得税についても申告納税制度が採用されてはいるのですが、所得税を負担する納税者の大部分を占める給与所得者の多くは、自らの申告によらず、年末調整により税額が確定することとなっているのです（**第1編第2章❷**参照）。

6 確定申告期限と納期限

> 確定申告期限と納期限は、ともに、その年の翌年3月15日

　申告義務が課されている場合、所得税及び復興特別所得税の確定申告書は、第3期（その年の翌年2月16日から3月15日までの間をいい、「確定申告期間」ともいいます。）に提出しなければならないことになっています（所法120①）。ただし、その申告書が源泉徴収税額や予納税額の還付を受ける内容である場合は、その年の翌年1月1日から提出できることになっています（所法120⑧）。

　また、確定申告書に記載した納付税額については、第3期に納付しなければならないことになっています（所法128）。

　したがって、所得税及び復興特別所得税の確定申告期限と納期限は、ともに、第3期の末日、すなわち、「その年の翌年3月15日」であるということになります。なお、この日が土曜日や日曜日に当たっている場合には、これらの期限は、次の月曜日まで延ばされることになっています（通法10②）。例えば、平成32年（2020年）の3月15日は日曜日ですので、平成31年（2019年）分の所得税及び復興特別所得税の確定申告期限と納期限は、平成32年（2020年）3月16日となります。また、「その年の翌年3月15日」が土曜日に当たっている場合（次にそうなるのは2025年です。）には、これらの期限は次の月曜日である3月17日になります。

▌7▌ 還付を受けるための申告・純損失等の金額を翌年以後に繰り越すための申告

　上の▌5▌の確定申告義務が課されない納税者であっても、源泉徴収税額や予納税額と年税額を比較し、源泉徴収税額や予納税額が年税額を上回っているため、還付を受けることができる場合には、「還付を受けるための申告書」を提出することができることになっています（所法122①）。この「還付を受けるための申告書」については、提出期限の定めがありませんが、その年の翌年1月1日から5年以内に提出する必要があります。これは、国税の還付金請求権がその請求ができる日から5年間行使しないことにより消滅することとされているからです（通法74）。

　また、上の▌5▌の確定申告義務が課されない納税者であっても、純損失や雑損失などの金額を翌年以後の年分に繰り越すことができる場合には、そのための申告書（確定損失申告書）を第3期の期間中に提出することができることになっています（所法123①）。この申告書は、翌年以後の年分で租税特別措置法の規定による上場株式等の譲渡損失の繰越控除（措法37の12の2⑤）や居住用財産の買換え等の場合の譲渡損失の繰越控除（措法41の5④）、特定の居住用財産の譲渡損失の繰越控除（措法41の5の2④）、先物取引の差金等決済に係る損失の繰越控除（措法41の15）の適用を受けるため、所定の損失の金額を繰り越す場合にも提出することができます。

　なお、確定損失申告書は、上述のとおり、第3期、すなわち、その年の翌年3月15日までに提出しなければならないこととされていますが、純損失や雑損失の繰越控除（所法70、71）については、平成23年12月の税制改正で、これらの損失の金額が発生した年分の期限内申告要件が廃止されていますので、その提出が期限後となっても、不利益は生じないことになっています。

　　（注）「居住用財産の買換え等の場合の譲渡損失の繰越控除」や「特定の居住用財産の譲渡損失の繰越控除」の適用を受けるためには、繰越しの対象となる損失が発生した年分の確定損失申告書を期限内に提出する必要があります。

第1編

給与所得者の所得税

総務省統計局の「労働力調査」によれば、わが国の就業者数は、2017年平均6,530万人で、そのうち雇用者はおよそ90％、年平均5,819万人に達しています。これは、言い換えれば、所得税を負担している人の大部分が給与所得者（雇用者）で占められていることを表しているということができます。

　就業人口に占める雇用者の割合は、高度経済成長期を通じて顕著な増加をみましたが、その後も、雇用者数の就業者全体に占める割合は増え続け、反対に、農林水産業に従事する人や商店などの個人事業者が減少し続けている状況にあります。

　いずれにしても、現在、わが国で所得税を負担している人の大部分は給与所得者で占められているのですが、その大部分は、給与所得の源泉徴収・年末調整制度と確定申告不要制度により税務署に自ら申告書を提出することも、税金の納付をすることもないままに給与からの天引きにより税負担をしている（させられている）というのがわが国の所得税の重要な特色であるということができます。

　所得税については、原則的には、「申告納税制度」が採用されているのですが、給与所得者の大部分は、年末調整を通じて年間の税額が事実上確定し、課税関係が完結するシステムが定着しています。また、所得税と同様に、個人の所得に係る税金である個人住民税については、「賦課課税方式」が採用されていますが、給与所得者の場合、勤務先が特別徴収義務者として給与の支払の際に特別徴収（天引き）を行うシステムが採用されています。

　この結果、多くの給与所得者は、自らの所得に対する所得税や個人住民税に関し、申告納税の事務負担を大きく軽減されるという恩恵を受けているということができるのです。

　さらにいえば、給与所得の金額は、原則として、年間の給与総額からその金額に応じ給与所得控除額を差し引いて計算するのですが、一般的にいえば、この給与所得控除額を差し引くという計算方法は、他の所得と比較して有利であると指摘することができます。

一方では、以上のように自身が享受している税制上の恩恵について認識している給与所得者は少ないであろうと考えられるところです。
　サイドビジネス（副業）やフリーランスという働き方を選択することは、このような給与所得者を巡る所得税の課税関係に大きな変化をもたらすことが想定されますが、その説明を行うには、まず、給与所得者を巡る課税関係の現状を知っておく必要があると考えられます。
　そこで、**第1編**では、給与所得者にフォーカスして所得税の説明をします。

第1章　給与所得の金額の計算

　所得税法では、**序章**で説明しているように、所得を10種類に区分し、それぞれの区分ごとに所得金額の計算方法を定めています。

　所得金額というと、収入金額から必要経費を差し引いて計算するというイメージを持つ方が少なくないと思われますが、実は、このような計算方法を採用している所得は不動産所得や事業所得といった一部の所得に限られているのです（**序章**「**1** 所得税の対象となる所得とは？」参照）。

　給与所得については、原則として、年間の給与総額（いわゆる税引き前の金額）からその金額に対応する給与所得控除の額を差し引いて計算することになっています（所法28②）。所得金額の計算において、このように収入金額に応じ一定の方法で計算するなどした金額を差し引くことを、事業所得や不動産所得の金額の計算において実際にかかった必要経費を差し引くこと（実額控除）との対比で、「概算控除」といいます。

　この章では、給与所得の金額の計算に関し、原則的な方法と、一定の要件を満たす場合に特例的に認められる「特定支出控除」について説明します。

1 給与所得の原則的計算方法

> ☆給与所得の金額は、原則として、年間の給与総額からその金額に応じて求められる「給与所得控除額」を差し引いて計算します（所法28②）。

現行の給与所得控除額は次のようになっています（所法28③）。

給与所得控除額（平成31年分（2019年分）まで）

年間の給与総額	給与所得控除額
65万円以下	年間の給与総額と同額
65万円超　　　162万5000円以下	65万円
162万5000円超　180万円以下	年間の給与総額 × 40%
180万円超　　　360万円以下	年間の給与総額 × 30% ＋ 18万円
360万円超　　　660万円以下	年間の給与総額 × 20% ＋ 54万円
660万円超　　　1000万円以下	年間の給与総額 × 10% ＋ 120万円
1000万円超	220万円

＜参考＞

> 給与所得控除の機能については、現在では、①給与所得者が勤務に伴い支出する「勤務費用の概算控除」と②給与所得と「他の所得との負担調整ための特別控除」（給与所得が事業所得や不動産所得と比較して相対的に担税力が低いことに配慮したもの）であるとされています（古くは、これらに加え、給与所得が他の所得と比較して捕捉率が高いことや給与所得の源泉徴収による税負担が申告による税負担より早期に求められていることに対する配慮といった点も挙げられていました。）。
> なお、次の 2 の特定支出控除制度について平成24年度に改正（平成25年分から適用）が行われた際には、給与所得控除額の2分の1に相当する部分が「勤務費用の概算控除」に当たるものとされていました。

平成30年度の税制改正で、給与所得控除額は一律10万円引き下げられ、平成32年分（2020年分）から適用されることとされました。この結果、平成32年分（2020年分）以後の給与所得控除額は、次のようになります。

平成32年分（2020年分）以後の給与所得控除額

年間の給与総額	給与所得控除額
55万円以下	年間の給与総額と同額
55万円超　　　162万5000円以下	55万円
162万5000円超　180万円以下	年間の給与総額 × 40％ － 10万円
180万円超　　　360万円以下	年間の給与総額 × 30％ ＋ 8万円
360万円超　　　660万円以下	年間の給与総額 × 20％ ＋ 44万円
660万円超　　　850万円以下	年間の給与総額 × 10％ ＋ 110万円
850万円超	195万円

（注）1　この改正により、年間の給与総額が850万円を超える人の給与所得控除額は、10万円に加え、年間の給与総額のうち850万円を超え、1,000万円以下の部分の金額の10％に相当する金額が引き下げられることになりましたが、年間の給与総額が850万円を超える人でも、次のいずれかに該当する人に限り、10万円のみの引下げにとどめる措置が講じられています（平成30年改正後の措法41の3の3①⑤）。
　　①　納税者本人が特別障害者に該当する。
　　②　年齢23歳未満の扶養親族を有する。
　　③　特別障害者である同一生計配偶者又は扶養親族を有する。
　　2　平成30年度の税制改正（平成32年分（2020年分）から適用）では、公的年金等控除額についても、原則として、一律10万円の引下げが行われました（第3編第1章 2 の（3）の＜参考＞参照）。
　　　このため、給与所得と公的年金等の両方を有する人は両方の控除額で併せて20万円引き下げられることになりましたが、そのうち10万円（引下げ額の合計が20万円に達しない場合は引下げ額の合計から10万円を差し引いた金額）を給与所得控除後の金額から差し引くことにより、引下げ額の合計を10万円にとどめる措置が講じられています（平成30年改正後の措法41の3の3②⑤）。

なお、年間の給与総額が660万円以下の場合は、給与所得の金額は、上の給与所得控除額を差し引いて計算するのではなく、「簡易給与所得表」（所得税法別表第五）により、給与所得の金額を求めることになっています（所法28④）。なお、簡易給与所得表に示されている給与所得の金額は、次の「給与所得の速算表」で計算することができます。

とはいえ、簡易給与所得表や給与所得の速算表による給与所得の金額は、年間の給与総額から給与所得控除額を差し引いて計算した金額と概ね一致しています。したがって、給与所得の金額の計算方法については、年間の給与総額から給与所得控除額を差し引いて計算するという考え方によっているといって差し支えないでしょう。

給与所得の速算表（平成31年分（2019年分）まで）

年間の給与総額 から	まで	給与所得の金額	年間の給与総額 から	まで	給与所得の金額	
650,999円まで		0円	円 1,628,000	円 1,799,999	年間給与の総額を「4」で割って千円未満の端数を切り捨てたAを右の算式に当てはめる。	「A×2.4」で求めた金額
円 651,000	円 1,618,999	給与等の収入金額の合計額から650,000円を控除した金額	1,800,000	3,599,999		「A×2.8−180,000円」で求めた金額
1,619,000	1,619,999	969,000円	3,600,000	6,599,999		「A×3.2−540,000円」で求めた金額
1,620,000	1,621,999	970,000	6,600,000	9,999,999	「収入金額×0.9−1,200,000円」で求めた金額	
1,622,000	1,623,999	972,000	10,000,000円以上		「収入金額−2,200,000円」で求めた金額	
1,624,000	1,627,999	974,000				

≪計算例≫

年間の給与総額が5,812,500円の場合の給与所得の金額

① 5,812,500円÷4＝1,453,125円

② 1,453,125円の千円未満の端数を切り捨てる→1,453,000円（A）

③ 1,453,000円（A）×3.2−540,000円＝4,109,600円

2 特定支出控除制度

1で説明したとおり、年間の給与総額から給与所得控除額を差し引いて計算するのが原則ですが、年間に支出した特定支出の金額の合計額が給与所得控除額の2分の1を超える場合には、給与所得控除後の金額からその超える部分の金額を差し引いて給与所得の金額を計算することができます（所法57の2①）。これを「給与所得の特定支出控除」といいます。

＜給与所得の特定支出控除を適用した場合の給与所得の金額＞

給与所得の金額 ＝ 年間の給与総額 － {給与所得控除額 ＋ [その年中の特定支出の額の合計額 － 給与所得控除額 × $\frac{1}{2}$]}

(1) 特定支出の範囲

特定支出控除の対象となる「特定支出」には、①通勤費、②転居費、③研修費、④資格取得費、⑤単身赴任者の帰宅旅費及び⑥勤務必要経費（図書費・衣服費・交際費等）の6種類があります（所法57の2②）。

これらの具体的内容については、以下のとおりですが、次の金額は、特定支出の額から除かれます。

i その支出額に対し給与の支払者（使用者）から全部又は一部について補填を受けており、かつ、その補填される金額について所得税が課されない場合におけるその補填額に相当する金額

ii その支出額に対し雇用保険法による「教育訓練給付金」や母子及び父子並びに寡婦福祉法による「母子（父子）家庭自立支援教育訓練給付金」が支給される場合におけるその支給額に相当する金額

例えば、使用者から支給される通勤手当は、一定の範囲で非課税とされています（次の3 給与に関連する非課税所得の(1)通勤手当等参照）が、この非課税とされる金額については、特定支出となる通勤費の額からは除かれることになります。

① 通勤費

　通勤のために必要な交通機関の利用や自動車等の使用のための支出で、その通勤の経路及び方法が運賃や時間、距離などの事情に照らし、最も経済的かつ合理的であることについて使用者から証明してもらった次のものをいいます

　ア　その年中における交通機関の運賃・料金の合計額（1月当たりの定期券の額の合計額を限度）

　イ　使用者に証明してもらった経路及び方法で自動車等を使用するために支出した燃料費・有料道路料金や自動車等の一定の修理代のうち、その通勤に対応する部分の金額の年中の合計額

　（注）　交通機関と自動車等の両方を使用して通勤する場合はアとイの合計額になります。

② 転居費

　使用者により転任に伴う支出であることについて証明してもらった転居費用で、転任の日以後1年以内の本人・配偶者その他の親族の転居のための支出で次のもの

　ア　転居のための旅行に通常必要と認められる運賃・料金の額

　イ　転居のために自動車を使用することにより支出する燃料費や有料道路料金

　ウ　転居に伴う宿泊費（通常必要と認められる額を著しく超える部分の金額は除く。）

　エ　転居後の生活で使用する家具等の運送費用等

③ 研修費

　職務の遂行に直接必要な技術や知識を習得することを目的として受講する研修（人の資格を取得ためのものを除く。）であることについて使用者に証明してもらったもののための支出

④ 資格取得費

　人の資格を取得するための支出で、その支出がその人の職務の遂

行に直接必要なものであることを使用者に証明してもらったもの
⑤ 単身赴任者の帰宅旅費

単身赴任となったこと（転任により生計を一にする配偶者又は配偶者と離別・死別した場合の一定の子との別居を常況とすることとなったこと）につき使用者に証明してもらった場合における本人の勤務地又は居所と留守家族の居住する場所との間の本人の旅行費用で、運賃や時間、距離などの事情に照らし、最も経済的かつ合理的であると認められる通常の経路・方法によるもの（1月当たり4往復を限度）

(注)「留守家族」とは生計を一にする配偶者又は配偶者と離別・死別した場合の一定の子のことをいいます。

⑥ 勤務必要経費

次のア～ウに掲げる支出（合計65万円を限度）で、その支出が職務の遂行に直接必要であることについて使用者に証明してもらったもの

ア 図書費

書籍や新聞・雑誌などの定期刊行物のほか、不特定多数の人に販売することを目的として発行される図書で職務に関連するものを購入するための支出

イ 衣服費

制服や事務服、作業服のほか、使用者により勤務の場所で着用することが定められている衣服で、勤務の場所で着用することが必要とされるものを購入するための支出

ウ 交際費等

交際費、接待費などの費用で、勤務先の得意先、仕入先など職務に関連のある相手方の接待等のための支出

（2） 特定支出控除が適用できる場合

特定支出控除は、上述のように、年間の特定支出の額の合計額がその年分の給与所得控除額の2分の1を超える場合に、その超える部分

第1章　給与所得の金額の計算　31

の金額を上の■1■の原則的な給与所得の金額から差し引くことができる制度です。

　このように、給与所得控除の2分の1に相当する金額を特定支出控除の適用の基準としたのは、給与所得控除額のうち2分の1に相当する部分が「勤務費用の概算控除」の額に相当すると整理し、特定支出の合計額がこの勤務費用の概算控除の額に相当する部分の金額を上回る場合に、その上回る部分の金額を控除額に加算することとしたものといわれています。

(3)　特定支出控除の適用の手続

　特定支出控除の適用を受けるためには、所定の事項を記載した確定申告書を住所地の所轄税務署に提出しなければなりません（所法57の2③）。

　この所定の事項については、具体的には、「給与所得の特定支出に関する明細書」（巻末参考資料1参照）に記載することになります。確定申告書には、この「給与所得の特定支出に関する明細書」とともに、特定支出の種類に応じ必要な証明書（その支出が特定支出の要件に該当することなどに関する使用者の証明書など、巻末参考資料2参照）を添付する必要があります（所法57の2④）。

＜平成30年度の税制改正＞

　■1■の給与所得の原則的計算方法で説明したとおり、平成30年度の税制改正（平成32年分（2020年分）から適用）により、給与所得控除額が一律10万円引き下げられたことに伴い、特定支出控除の適用要件である特定支出の合計額が給与所得控除額の2分の1を超えるという場合の「給与所得控除額の2分の1」が一律5万円引き下げられることになっていますが、このほか、特定支出控除に関して次の改正が行われ、平成32年分（2020年分）から適用されることとされています（平成30年改正後の所法57の2、所令167の3②）。

①　特定支出の範囲に、勤務する場所を離れて職務を遂行するために

直接必要な旅費等で通常要する支出を加えられました。
② 単身赴任者の帰宅旅費について、1月当たり4往復の限度が撤廃されるとともに、帰宅のために通常要する自動車等を使用することにより支出する燃料費及び有料道路の料金の額が加えられました。

3 給与に関連する非課税所得

　給与所得者が勤務先との雇用関係等に基づいて支給を受ける金銭等については、基本的に給与所得の収入金額に当たるのですが、一部のものについては、非課税所得として所得税の課税の対象外となっています。その主なものを以下に紹介します。これらの金額は、給与所得の金額の計算に当たり収入金額から除外されることになります。

（1）　通勤手当等

　給与所得者が勤務先から通常の給与に加算して支給を受ける通勤手当については、非課税の措置が採られています（「交通費込み」で給与が支給されている場合の交通費相当額については、非課税となりません。）（所法9①五）。

　バスや電車などの交通機関を使って通勤している人の場合は、1か月当たりの「合理的な運賃等の額」（150,000円を限度）が非課税とされています（所令20の2一）。また、自動車通勤や自転車通勤の場合にも、通勤距離に応じた通勤手当の非課税限度が定められています（所令20の2二）。

　(注)　「合理的な運賃等の額」とは、通勤のための運賃、時間、距離等の事情に照らして最も経済的かつ合理的と認められる通常の通勤の経路及び方法による運賃又は料金の額をいうこととされています。なお、新幹線通勤の場合、「合理的な運賃等の額」には、新幹線鉄道を利用した場合の特別急行料金は含まれますが、グリーン料金は含まれません（所基通9－6の3）。

　なお、勤務先から金銭による通勤手当の支給に代えて通勤定期券の支給を受ける場合における通期定期券の購入費用も、上記の通勤手当と同様、1か月当たりの「合理的な運賃等の額」（150,000円を限度）の範囲で非課税とされています（所令20の2三）。

（2）　旅費

　給与所得者が職務の遂行に必要な旅行に要する費用については、そ

もそも勤務先において負担すべきものとも考えられますが、支給を受けた給与所得者の課税上非課税とされています（所法9①四）。

転任に伴う転居のために行う旅行の費用や単身赴任者が職務遂行上必要な旅行に付随して帰宅するための旅行を行った場合の費用で一定のものについても、非課税とされますが、これらの費用が非課税とされる場合には、上記■2■特定支出控除制度の（1）特定支出の範囲の②転居費あるいは⑤単身赴任者の帰宅旅費から除かれることになります（所法57の2②）。

(3) 食事代

給与所得者が勤務先から食事代の支給を受けたり、食事の提供を受けたりした場合には、その金額を、本来は給与の収入金額に加算すべきですが、次の取扱いがあります。

ア　残業や宿直・日直をしたことにより支給される食事は課税されません（所基通36-24）。

イ　ア以外で、給与所得者が勤務先から食事の支給を受ける場合、給与所得者がその半額以上を負担し、かつ、勤務先側の負担額が月額3,500円以下のときは、勤務先側の負担額に相当する金額は課税されません（所基通36-38の2）。

ウ　正規の勤務時間が深夜（午後10時から翌日午前5時までの間）に及ぶ給与所得者がその夜食の現物支給に代えて通常の給与に加算して支給される食事代で、一回の支給額（税抜き）が300円以下のものは課税されません（昭59.7.26付直法6-5）。

(4) 結婚・出産祝の金品や香典、見舞金

給与所得者が勤務先から支給される結婚祝金や出産祝金、親族の死亡に伴ういわゆる香典、災害等の見舞金については、社会通念上相当と認められる範囲のものであれば課税されません（所基通28-5、9-23）。

(5) 学資金

　給与所得者が勤務先から給付される金品で学資に充てられるものは、給与の性質を有するものであっても、通常の給与に加算して給付されるものは、法人である勤務先がその役員の学資に充てるために給付するものなど一定のものを除き、非課税とされています（所法9①十五）。

(6) 労働基準法の規定による災害補償

　労働基準法の第8章《災害補償》では、労働者が業務上負傷し、又は疾病にかかった場合における療養補償等を使用者に義務付けています。これにより給与所得者が勤務先から受ける給付については、非課税とされています（所法9①三イ、所令20①二）。

▌4▐ 現物給与その他金銭以外の収入の取扱い

　給与は、通常、金銭で支給されます。労働基準法上も賃金は金銭で支払われることとされているところです。しかし、勤務先から給与所得者に、物品が無償あるいは低額で支給されたり、住宅（社宅）の貸与が無償あるいは低額で行われたりすることによる利益が供与されることがあります。

　このような利益はフリンジベネフィットとも称せられ、本来は、給与所得の収入金額として課税の対象になるべきものですが、上の▌3▐給与に関連する非課税所得で紹介したもののほか、次のような取扱いがあります。なお、現物給与等を巡る課税上の取扱いには様々なものがありますが、ここで紹介するのは、本書でカバーしようとする給与所得者に関連する可能性が高いと考えられるもののみです。

（1）　商品・製品等の値引き販売

　　勤務先が給与所得者に対し取扱商品等の値引き販売を行うことによる利益（値引き販売の価額を通常の購入価額から差し引いた金額）は、本来、給与所得の収入金額に加算すべきですが、その値引き販売価額がその商品等の勤務先の調達価額以上で、かつ、通常の販売価額の70％以上であり、その販売数量が一般の消費者が家事のために通常消費すると認められる程度ものであるなどの条件を満たしていれば課税されないことになっています（所基通36−23）。

（2）　住宅等の貸与

　　勤務先が給与所得者（役員を除きます。）に対し無償又は低額の賃貸料で社宅や寮窓を貸与することによりその給与所得者が受ける利益の額は、月額ベースで、次の算式で計算した賃貸料相当額を基礎として計算することになっています（所基通36−41）。

$$\text{賃貸料相当額(月額)} = \text{その年度の家屋の固定資産税の課税標準額} \times \frac{2}{1,000} + 12\text{円} \times \frac{\text{その家屋の総床面積}(\text{m}^2)}{3.3(\text{m}^2)}$$
$$+ \text{その年度の敷地の固定資産税の課税標準額} \times \frac{2.2}{1,000}$$

なお、その給与所得者（役員を除きます。）が賃貸料として上の算式に基づく賃貸料相当額の50％以上の金額を勤務先に支払っている場合には、その利益の額は課税されないことになっています（所基通36－47）。

（3） 株式関連報酬

企業が自社株を利用した報酬（株式関連報酬）制度を導入する例が多くみられるようになりました。

株式関連報酬には、様々なものがありますが、わが国の企業では、リストリクテッド・ストック（譲渡制限株式・ＲＳ）やストック・オプション（ＳＯ）が用いられています。

ア　リストリクテッド・ストック（譲渡制限株式・ＲＳ）

リストリクテッド・ストックとは、企業（株式会社）がその従業員等に対し労務等の対価として、自社株を譲渡制限付きで無償交付するものですが、あらかじめその従業員等と交わされている付与契約で定められている勤務期間等の条件が成就した段階で、譲渡制限が解除されることになっているものです。

したがって、リストリクテッド・ストックを付与された給与所得者は、その譲渡制限が解除された日にその日の株価に相当する金額の給与（賞与）の収入金額があったものとして課税されることになります（所令84①）。

```
給与所得者が権利付与されたリストリクテッド・ストック
  ⇒ 譲渡制限が解除された日に
     その日の株価に相当する賞与の支給があったものとして課税
```

イ　ストック・オプション

　　ストック・オプションとは、企業（株式会社）がその従業員等に与える、自社株をあらかじめ定める権利行使価格により購入する権利のことで、企業と従業員等との間で交わす権利付与契約において権利行使価格や権利行使期間が定められます。

　　権利の被付与者は、権利行使期間中の株価の状況を見て権利行使し、権利行使価格により株式を取得します。この結果、被付与者の権利行使時において、その株式の時価と権利行使価格との差額に相当する利益（権利行使益）が発生することになりますが、被付与者が株式の発行会社の従業員等である場合の権利行使益については、一般的には、権利行使時に給与（賞与）の収入金額があったものとして課税されることになります（この場合、その株式の取得価額は権利行使時の時価によることになります。）（所令84②）。

　　ただし、一定の要件を満たす「税制適格ストック・オプション」については、権利行使時の権利行使益は非課税とされています。そして、税制適格ストック・オプションの権利行使により取得した株式の取得価額は、権利行使価格によることとされていることから、権利行使益はその株式の譲渡時まで課税が繰り延べられ、かつ、その譲渡時に一般株式等又は上場株式等の譲渡所得等の金額に含めて課税されることになるということができます（措法29の2）。

> 給与所得者が権利付与されたストック・オプション
>   権利行使時に発生する権利行使益⇒賞与(給与所得)として課税(＝税制非適格ストック・オプション)
>   ただし、税制適格ストック・オプションは、権利行使時の権利行使益は非課税
>   ⇒　その株式の譲渡時まで課税繰延べ(一般株式等又は上場株式等の譲渡所得等として課税)

　税制適格ストック・オプションの要件は次のとおりです(措法29の2①一～六)。
① 　権利行使は、発行会社のストック・オプションの付与決議の日後2年を経過した日からその付与決議の日後10年を経過する日までの間に行わなければならないこととされている。
② 　権利行使価額の年間の合計額が1,200万円を超えない。
③ 　1株当たりの権利行使価額がストック・オプションの権利付与契約締結時におけるその株式の1株当たりの価額相当額以上とされている。
④ 　新株予約権は、譲渡をしてはならないこととされている。
⑤ 　権利行使に係る株式の交付がその交付のために付与決議がされた募集事項に反しないで行われることになっている。
⑥ 　権利行使により取得する株式は、一定の方法によって金融商品取引業者等の振替口座簿に記載等がされ、その金融商品取引業者等の営業所等に保管の委託又は管理等信託がされることになっている。

第2章　給与所得の源泉徴収と年末調整

　わが国の所得税における特色の一つとして、申告納税制度を補完する源泉徴収制度が充実していることが挙げられます。とりわけ、給与所得に対する源泉徴収については、支払額（給与所得の収入金額）に単純に一定税率を掛けて徴収税額を算定するのではなく、個々の給与所得者の扶養親族等の状況に応じたきめ細かな徴収税額が定められていて、その年間合計額がその年分の税額に近似するように仕組まれているのですが、それだけでなく、最終的に「年末調整」という世界に類を見ない年間の税額の精算手続が設けられている点で、際立った特色があるといえます。

　冒頭でも指摘しているように、わが国の所得税の納税義務者の大半は、給与所得者によって占められています。そして、給与所得者の大部分が年末調整を通じ、自ら確定申告をすることなく、事実上税額が確定してしまう仕組みになっていることは、給与所得者の確定申告の機会を奪っているなどといった批判を招いている面もありますが、給与所得者と課税当局の双方の事務負担を抑制できているという点でメリットが極めて大きいということもできます。

　以下では、給与所得の源泉徴収の仕組みと年末調整について説明します。

1 給与所得の源泉徴収の仕組み（源泉徴収税額表等の区分）

　給与所得の源泉徴収税額は、月給などの通常の給与に対する「給与所得の源泉徴収税額表」や賞与（ボーナス）に対する「賞与に対する源泉徴収税額の算出率の表」などを用いて求めることになっています。すなわち、通常の給与（月給など）に対する源泉徴収税額と賞与（ボーナス）に対する源泉徴収税額の求め方が異なっているのです。

　また、「給与所得の源泉徴収税額表」は、主として月給に対応する「月額表」（平24財務省告示115号別表第一）と主として日給に対応する「日額表」（同告示別表第二）とに分かれており、それぞれに「甲欄」と「乙欄」とが設けられています（「日額表」には、これらのほか、「丙欄」が設けられています）。

　なお、「賞与に対する源泉徴収税額の算出率の表」（同告示別表第三）にも「甲欄」と「乙欄」が設けられています。

給与所得の源泉徴収税額表等の種類と使用区分

種類	適用する給与の支給形態	扶養控除等申告書	適用する欄
月額表	①月ごとに支払うもの ②半月ごと又は10日ごとに支払うもの ③月の整数倍の期間ごとに支払うもの	提出あり	甲欄
		提出なし	乙欄
日額表	①毎日支払うもの ②週ごとに支払うもの　｝日雇賃金を除く。 ③日割で支払うもの	提出あり	甲欄
		提出なし	乙欄
	④日雇賃金　（注）		丙欄
賞与に対する源泉徴収税額の算出率の表	賞　与 ただし、次の場合は月額表を使用。 ⅰ 前月中に通常の給与の支払がない場合 ⅱ 賞与の額 ＞ $\dfrac{\text{前月中の通常}}{\text{の給与の額}}$ ×10の場合	提出あり	甲欄
		提出なし	乙欄

　（注）「日雇賃金」とは、日々雇い入れられる人が労働した日ごとに支払を受ける給与で、労働した日又は時間によって算定されるものをいいます。ただし、日々雇い入れられる場合であっても、同一の勤務先から継続して２か月を超

えて給与の支払を受ける場合、その超えて支払を受けるものは「日雇賃金」には該当しません。

（1） 給与所得の源泉徴収税額表の区分（賞与以外の通常の給与）

上で説明したとおり、給与所得の源泉徴収税額表には、「月額表」と「日額表」とがあります。通常は、「月給」という形で給料の支払が行われる例が多いと思いますが、この場合、使用するのは「月額表」です。これに対し、給料が日給の場合は、「日額表」を使用することになります。

> 通常の給与の源泉徴収税額 ⇨ 月給は「月額表」、日給は「日額表」を使用

なお、給料が10日毎や半月毎に支払われる場合は月額表、週ごとに支払われる場合は日額表を、それぞれ用いて税額を算定することになっています。

月額表には、「甲欄」と「乙欄」とが設けられています。

通常は、甲欄を適用するのですが、甲欄を適用するためには、給与の受給者が支払者（勤務先）に「給与所得の扶養控除等申告書」（（巻末参考資料3参照）。以下「扶養控除等申告書」といいます。）を提出する必要があります。言い換えると、給与の受給者が「扶養控除等申告書」を提出しない場合には、甲欄ではなく乙欄を適用しなければならないことになります。因みに、乙欄の税額は、甲欄より割高です。

> 「給与所得者の扶養控除等申告書」の提出 ⇨ 甲欄を適用
> ※「扶養控除等申告書」を提出がない場合、乙欄の割高な税額が適用される

これは、甲欄の税額がそれを適用して求められる源泉徴収税額のトータルがその人の本来の税額に近似するように定められているのに対し、乙欄の税額は、他に甲欄の適用を受けている給与があることを想定し、所得税の超過累進税率を反映するため、割高に定められていることによります。

仮に、2か所の勤務先から給与の支給を受けている場合に両方の税

額を甲欄によって求めることとすると、所得税が超過累進税率により税額を算定することとされているため、源泉徴収税額のトータルが本来の税額を大きく下回ってしまうことになってしまいかねません。そこで、「扶養控除等申告書」は、同時に複数の勤務先に提出することはできないことになっているのです。

通常は、勤務先は1か所ですから問題はないのですが、ダブルワークの場合など複数の勤務先から給与を受けている人の場合は、メインの給与の支払を受ける勤務先に提出することになります。このメインの給与（「扶養控除等申告書」を提出すべき勤務先からの給与）を「主たる給与」、それ以外の給与を「従たる給与」といいます。

(注) 「扶養控除等申告書」は、給与の支払者（勤務先）を通じ、その源泉所得税の所轄税務署長に提出する建前になっていますが、実務上は、給与の支払者（勤務先）において保存することになっていますので、ここでは、給与の支払者（勤務先）に提出すると説明しています。

日額表についても、月額表と同様に、甲欄と乙欄とが設けられており、その区分は、月額表の場合と同様、「扶養控除等申告書」の提出の有無によります。ただし、日額表には、甲欄と乙欄に加え、「丙欄」が設けられています。

日額表の丙欄は、「日雇賃金」について適用することになっています。この「日雇賃金」とは、日々雇い入れられる人が労働した日ごとに支払を受ける給与で、労働した日又は時間によって算定されるものをいいます。ただし、日々雇い入れられる場合であっても、同一の勤務先から継続して2か月を超えて給与の支払を受ける場合、その超えて支払を受けるものについては丙欄を適用することはできません。

> 「日雇賃金」については、「日額表」の「丙欄」の源泉徴収税額を適用

(2) 「給与所得者の扶養控除等申告書」

(1)で説明したとおり、給与に対する源泉徴収税額は、一般的には、月額表の甲欄を適用して求めることになりますが、そのためには、「扶

養控除等申告書」を給与の受給者が支払者（勤務先）に提出していることが必要です。

　給与の受給者は、本来、主たる給与の支払者（勤務先）に扶養控除等申告書を提出しなければならないこととされています。しかし、その提出のない場合には、その給与が主たる給与か従たる給与かと問わず、天引きされる源泉徴収税額が割高である乙欄によって求められることになります。また、「扶養控除等申告書」の提出がない場合には、次の 2 で説明する年末調整を受けることができないことから、給与の受給者が自ら税務署に確定申告することにより税額の精算する必要が生じます。

　「扶養控除等申告書」には、本人の住所、氏名及びマイナンバーを記載するほか、次表の①～④の事項を記載することになっています。

　次表の①～④に該当する項目がない人は、本人の住所、氏名及びマイナンバーだけを記載して勤務先に提出することになります。

給与所得者の扶養控除等申告書の記載事項

	区　　分	記　載　事　項
①	本人が特別障害者、その他の障害者、寡婦、寡夫又は勤労学生に該当する場合[1]	本人がこれらに該当する旨とその該当する事実
②	源泉控除対象配偶者[2] がいる場合	源泉控除対象配偶者の生年月日・住所・氏名・マイナンバー・その年分の合計所得金額の見積額
	源泉控除対象配偶者が老人控除対象配偶者[3] に該当する場合	その旨
③	控除対象扶養親族[4] がいる場合	控除対象扶養親族の生年月日・住所・氏名・本人との続柄・マイナンバー・その年分の合計所得金額の見積額
	特定扶養親族[5] や老人扶養親族[6] に該当する控除対象扶養親族がいる場合	その控除対象扶養親族がこれらに該当する旨
④	同一生計配偶者[7] や扶養親族[8] のうちに、同居特別障害者、同居特別障害者以外の特別障害者又はその他の障害者がいる場合	その該当者の氏名とその該当する事実（その該当者が源泉控除対象配偶者又は控除対象扶養親族に該当しない場合には、その該当者の生年月日・住所・本人との続柄・マイナンバー・その年分の合計所得金額の見積額）

（注）1　「障害者」、「特別障害者」、「同居特別障害者」、「寡婦」、「寡夫」及び「勤労学生」の範囲については、巻末参考資料4を参照してください。

　　　2　「源泉控除対象配偶者」とは、本人と生計を一にする配偶者のうち、その年分の合計所得金額の見積額が85万円以下の人をいいます＊。ただし、本人の合計所得金額が900万円を超える場合の配偶者は「源泉控除対象配偶者」から除かれています。

　　　3　「老人控除対象配偶者」とは、控除対象配偶者（同一生計配偶者のうち、本人の合計所得金額が1,000万円以下である人）のうち、年齢70歳以上の人をいいます。

　　　4　「控除対象扶養親族」とは、「扶養親族」のうち、年齢16歳以上の人をいいます。

　　　5　「特定扶養親族」とは、「控除対象扶養親族」のうち、年齢19歳以上23歳未満の人をいいます。

　　　6　「老人扶養親族」とは、「控除対象扶養親族」のうち、年齢70歳以上の人をいいます。

7 「同一生計配偶者」とは、本人と生計を一にする配偶者のうち、その年分の合計所得金額（の見積額）が38万円以下の人をいいます*。

8 「扶養親族」とは、本人と生計を一にする配偶者以外の親族のうち、その年分の合計所得金額（の見積額）が38万円以下の人をいいます*。

＊ その年中に青色事業専従者として給与の支払を受ける人や白色の事業専従者に該当する人は、「源泉控除対象配偶者」や「同一生計配偶者」、「扶養親族」には該当しません。

「源泉控除対象配偶者」について

　平成30年（2018年）分の所得税からの配偶者控除と配偶者特別控除について改正が行われています（**序章 3** 課税所得金額の計算（所得控除）参照）。「同一生計配偶者」と「源泉控除対象配偶者」とは、この改正に伴い新たに用いられるようになった用語です。

　同一生計配偶者の定義（本人と生計を一にする配偶者のうち、その年分の合計所得金額が38万円以下の人）は、改正前における配偶者控除の対象となる配偶者（「控除対象配偶者」）の定義と同じです。

　改正後の控除対象配偶者とは、同一生計配偶者のうち、納税者本人の合計所得金額が1,000万円以下である人を指すことになっていますが、控除対象配偶者や老人控除対象配偶者（控除対象配偶者のうち年齢70歳以上の人）がいる納税者であっても、本人の合計所得金額が900万円を超えると、控除額が逓減・消失することになったことから、源泉徴収税額表の月額表又は日額表の甲欄を適用する場合の「扶養親族等の数」のカウントにおいては、控除対象配偶者の全てが取り込まれているわけではなく、納税者本人の合計所得金額が900万円を超える人が除かれることになりました。

　一方、配偶者特別控除については、配偶者控除と同額の38万円の控除の対象となる配偶者の合計所得金額の上限が85万円以下（改正前40万円未満）に引き上げられました。もっとも、配偶者特別控除についても、配偶者控除と同様に、納税者本人の合計所得金額が900万円を超えると控除額が逓減し、1,000万円を超えると消失することとされています。そこで、「扶養親族等の数」のカウントにおいては、控除対象配偶者以外の配偶者のうち、その合計所得金額が85万円以下で、本人と生計を一にし、かつ、本人の合計所得金額が900万円以下である人が取り込まれることになりました。

　以上を踏まえ、本人と生計を一にする一定の配偶者（上の*参照）のうち、その年分の合計所得金額の見積額が85万円以下で、かつ、本人の合計所得金額が900万円以下の人を「源泉控除対象配偶者」として定義し、「扶養親族等の数」のカウントの対象としたのです。

　言い換えれば、「源泉控除対象配偶者」とは、38万円の配偶者控除又は配偶者特別控除の対象となる見込みの配偶者のことであるということができます。

扶養控除等申告書に非居住者である親族を記載する場合には「親族関係書類」を添付

　扶養控除等申告書に「非居住者」である親族を、次のいずれかに該当する人として記載する場合には、その人が非居住者である旨を併せて記載するとともに、その人に係る「親族関係書類」を扶養控除等申告書に添付して提出する必要があります。
① 源泉控除対象配偶者又は控除対象扶養親族
② ①の人以外で、同一生計配偶者又は扶養親族である障害者（特別障害者・同居特別障害者を含みます。）

　ここでいう「非居住者」とは、住所が国外にある人など、国内に住所や居所がないか、国内に居所を有していてもその有している期間が1年に満たない人をいいます。
　また、「親族関係書類」とは、その非居住者のパスポートやその写しなどでその人が本人の親族であることを証する書類をいいます。
(注) 年末調整において、
　　ⅰ 扶養控除等申告書に源泉控除対象配偶者として記載した非居住者を対象として配偶者控除又は配偶者特別控除の適用を受ける場合
　　ⅱ 扶養控除等申告書に控除対象扶養親族として記載した非居住者を対象として扶養控除の適用を受ける場合
　　ⅲ 扶養控除等申告書に、源泉控除対象配偶者に該当しない同一生計配偶者や控除対象扶養親族以外の扶養親族のうち同居特別障害者、同居特別障害者以外の特別障害者又は特別障害者以外の障害者として記載した非居住者を対象として障害者控除の適用を受ける場合
　には、勤務先に「送金関係書類」を提出する必要があります。
　　ここでいう「送金関係書類」とは、金融機関が行う為替取引により本人からその非居住者である親族に支払をした書類などで、その生活費等に充てるための支払を必要な都度行ったことを明らかにする書類をいいます。

48 　第 1 編　給与所得者の所得税

<「給与所得者の扶養控除等（異動）申告書」の記載例>

所轄税務署長等	給与の支払者の名称（氏名）	九段商事株式会社	（フリガナ）	ゼイム ケンイチ	あなたの生年月日	昭和43年 9月10日	従たる給与についての扶養控除等申告書の提出
税務署長	給与の支払者の法人(個人)番号	××××××××××××	あなたの氏名	税務 研一 ㊞	あなたの個人番号	×××××××××××	（提出している場合には、〇印を付けてください。）
船橋 市区町村長	給与の支払者の所在地(住所)	東京都千代田区九段南〇-〇	あなたの住所又は居所	(郵便番号 273-0011) 千葉県船橋市本町〇-〇	世帯主の氏名 あなたとの続柄	税務 本人 配偶者の有無 有	

あなたに源泉控除対象配偶者、障害者等に該当する同一生計配偶者及び扶養親族がなく、かつ、あなた自身が障害者、寡婦、寡夫又は勤労学生のいずれにも該当しない場合には、以下の各欄に記入する必要はありません。

区分等			（フリガナ）氏名	あなたとの続柄	個人番号	生年月日	老人扶養親族 (昭2.1.1以前生)／特定扶養親族 (平8.1.2～平12.1.1生)	令和2年中の所得の見積額	非居住者である親族	生計を一にする事実	住所又は居所	異動月日及び事由
源泉控除対象配偶者 (注1)			ゼイム ハナコ 税務 花子	妻	××××××××××××	昭48.3.5		600,000円			同上	
控除対象扶養親族 (16歳以上) (平15.1.1以前生)	A	1	ゼイム イチロウ 税務 一郎	子	××××××××××××	平3.6.15	□同居老親等 □その他 □特定扶養親族	0円			同上	
		2				・ ・	□同居老親等 □その他 □特定扶養親族	円				
		3				・ ・	□同居老親等 □その他 □特定扶養親族	円				
障害者、寡婦、寡夫又は勤労学生		区分	□障害者 ／ □特別障害者 ／ □同居特別障害者	一般の障害者	特別障害者	同居特別障害者	□寡婦 □特別の寡婦 □寡夫 ✓勤労学生	該当者 1人	左記の内容 (この欄の記載に当たっては、裏面の2 記載についてのご注意(8)をお読みください。)	税務一郎　身体障害者手帳1級（平成24年4月受付）		

他の所得者が控除を受ける扶養親族等	氏名	あなたとの続柄	生年月日	控除を受ける他の所得者 氏名 住所又は居所	異動月日及び事由

○住民税に関する事項

16歳未満の扶養親族 (平15.1.2以後生)	（フリガナ）氏名	あなたとの続柄	個人番号	生年月日	住所又は居所	控除対象外国外扶養親族	令和2年中の所得の見積額	異動月日及び事由
1				・ ・			円	
2				・ ・			円	
3				・ ・			円	

◎ 「16歳未満の扶養親族」欄は、地方税法第45条の3の2第1項及び第317条の3の2第1項において、給与所得者の扶養親族申告書の記載事項とされています。

(3) 通常の給与の源泉徴収税額の求め方
ア 月額表甲欄を適用する場合
　この場合は給与の受給者から「扶養控除等申告書」の提出を受けています。
　以下では、上の扶養控除等申告書の記載例に基づき、源泉徴収税額の求め方を説明します。
　① 社会保険料の控除
　　　月額表の適用に当たっては、給与の額から天引きされている社会保険料（健康保険料、介護保険料、厚生年金保険料及び雇用保険料）の額を差し引いた金額（社会保険料控除後の給与額）を求めます。
（注）　独立行政法人中小企業基盤整備機構の小規模企業共済の加入者（会社の役員等）に係る同共済の掛金や企業型の確定拠出年金のマッチング拠出による掛金の額は、小規模企業共済等掛金控除の対象となります。これらの金額で給与から天引きされているものについて、上の社会保険料と同様に差し引くことになります。
　② 扶養親族等の数の確認
　　　「扶養親族等の数」は、扶養控除等申告書に記載した源泉控除対象配偶者と控除対象扶養親族の数の合計人数に、本人が障害者（特別障害者を含みます。）、寡婦、寡夫又は勤労学生である場合にはそれぞれ1人を、同一生計配偶者や扶養親族（扶養控除の対象とならない年少扶養親族を含みます。）のうちに障害者（特別障害者を含みます。）に該当する人がいる場合にはその合計人数を、さらに、同居特別障害者に該当する人がいる場合にはその合計人数を加算して求めます。
　　　上の扶養控除等申告書の記載例の場合、源泉控除対象配偶者に記載があり、控除対象扶養親族として1人記載されていますので、合計人数が2人ですが、この控除対象扶養親族の方が同居特別障害者に該当する旨記載されていますので、障害者（特別障害者を含みます。）として1人、同居特別障害者としてさらに1人加算す

ることになり、「扶養親族等の数」は、合計4人となります。
③ 月額表への当てはめ
　上の①で求めた社会保険料控除後の給与額が月額表の「その月の社会保険料等控除後の給与等の金額」のどの行に該当するかを確認し、その行の扶養親族等の数に該当する列の金額が求める源泉徴収税額となります。

```
【設例】
月額給与額                         416,000円
上の給与から天引きされた社会保険料    59,078円
扶養親族等の数                         4人
                    （内訳　源泉控除対象配偶者あり
                            控除対象扶養親族    1人
                            障害者              1人
                            同居特別障害者      1人
```

　i　社会保険料控除後の給与の額は、416,000円－59,078円＝<u>356,922円</u>

　ii　扶養親族等の数は　<u>4人</u>

　iii　社会保険料控除後の給与の額356,922円が当てはまる行は、356,000円以上359,000円未満の行であり、この行の扶養親族等が4人の列の税額は、下の図のとおり<u>4,220円</u>。この金額が源泉徴収税額となります。

第2章　給与所得の源泉徴収と年末調整　51

その月の社会保険料等控除後の給与等の金額		甲						
		扶養親族等の数						
		0人	1人	2人	3人	4人	5人	6人
以上	未満	税額						
円	円	円	円	円	円	円	円	円
290,000	293,000	8,040	6,420	4,800	3,190	1,570	0	0
293,000	296,000	8,140	6,520	4,910	3,290	1,670	0	0
296,000	299,000	8,250	6,640	5,010	3,400	1,790	160	0
299,000	302,000	8,420	6,740	5,130	3,510	1,890	280	0
302,000	305,000	8,670	6,860	5,250	3,630	2,010	400	0
335,000	338,000	11,360	8,210	6,600	4,980	3,360	1,750	130
338,000	341,000	11,610	8,370	6,720	5,110	3,480	1,870	260
341,000	344,000	11,850	8,620	6,840	5,230	3,600	1,990	380
344,000	347,000	12,100	8,860	6,960	5,350	3,730	2,110	500
347,000	350,000	12,340	9,110	7,090	5,470	3,850	2,240	620
350,000	353,000	12,590	9,350	7,210	5,600	3,970	2,360	750
353,000	356,000	12,830	9,600	7,330	5,720	4,090	2,480	870
356,000	359,000	13,080	9,840	7,450	5,840	4,220	2,600	990
359,000	362,000	13,320	10,090	7,580	5,960	4,340	2,730	1,110
362,000	365,000	13,570	10,330	7,700	6,090	4,460	2,850	1,240
365,000	368,000	13,810	10,580	7,820	6,210	4,580	2,970	1,360

＜参考1＞　電子計算機により源泉徴収税額の計算をする場合の月額表甲欄の特例

> コンピュータにより給与の支払事務が行われている場合
> ⇨ 月額表甲欄の源泉徴収税額の計算の特例あり

　月額表甲欄を適用した場合の源泉徴収税額の求め方は、上で説明したとおりですが、給与の支払者（勤務先）においての給与の支払額に関する計算を電子計算機により行っている場合には、月額表甲欄を適用する給与については、以下の方法によることができることとされています。

① その月の給与の額から天引きされた社会保険料（小規模企業共済等掛金を含みます。）を差し引いて「社会保険料等控除後の給与額」を計算する。
② 「社会保険料等控除後の給与額」を表1に当てはめて「給与所得控除の額」を計算する。
③ 「社会保険料等控除後の給与額」から②の「給与所得控除の額」と給与所得者の扶養控除等申告書の記載内容に応じ表2で求められる配偶者（特別）控除、扶養控除及び基礎控除の額を差し引いて「その月の課税給与所得金額」を計算する。
④ ③の「その月の課税給与所得金額」を表3に当てはめて税額（所得税及び復興特別所得税の額を計算する）。

表1

その月の社会保険料控除後の給与額（A）		給与所得控除額 （1円未満の端数は切上げ）
以　上	以　下	
円	円	
—	135,416	54,167円
135,417	149,999	（A）× 40%
150,000	299,999	（A）× 30% ＋ 15,000円
300,000	549,999	（A）× 20% ＋ 45,000円
550,000	833,333	（A）× 10% ＋ 100,000円
833,334	—	183,334円

表2

配偶者（特別）控除の額	31,667円
扶　養　控　除　の　額	31667円 × 控除対象扶養親族の数
基　礎　控　除　の　額	31,667円

（注）　扶養控除等申告書に本人が障害者（特別障害者を含みます。）、寡婦、寡夫又は勤労学生に該当する旨が記載されている場合は、それぞれ控除対象扶養親族が1人いるものとされます。

また、同一生計配偶者又は扶養親族のうちに障害者（特別障害者を含みます。）又は同居特別障害者に該当する人がいる旨が記載されている場合には、それぞれ該当するとして記載されている人の人数の控除対象扶養親族がいるものとされます。

表3

その月の課税給与所得の金額（B）		源泉徴収税額の算式 （10円未満の端数は四捨五入）
以 上	以 下	
円	円	
—	162,500	（B）×5.105%
162,501	275,000	（B）×10.210％－ 8,296円
275,001	579,166	（B）×20.420％－ 36,374円
579,167	750,000	（B）×23.483％－ 54,113円
750,001	1,500,000	（B）×33.693％－130,688円
1,500,001	3,333,334	（B）×40.840％－237,893円
3,333,333	—	（B）×45.945％－408,061円

上の設例に基づいて特例による税額を計算すると、以下のとおりとなります。

i　まず、社会保険料等控除後の給与額が356,922円ですから、この金額を表1に当てはめると、

356,922円×20％＋45,000円＝<u>116,385円</u>が給与所得控除の額となります。

ii　また、扶養控除等申告書に配偶者が源泉控除対象配偶者に該当する旨記載されていますので、表2の配偶者（特別）控除の額は<u>31,667円</u>、

控除対象扶養親族として1人記載されており、この控除対象扶養親族が特別障害者で、かつ、同居特別障害者に該当する旨記載されていますので、扶養控除の額は31,667円×3＝<u>95,001円</u>となります。

このほか、基礎控除の額が<u>31,667円</u>あります。

iii そうすると、課税給与所得の金額は、
356,922円 －116,385円 －31,667円 －95,001円 －31667円 ＝ 82,202円となります。

iv この金額を表3に当てはめると、
82,202円×5.105％＝4,200円（10円未満の端数四捨五入）
この金額が源泉徴収税額となります。

この金額は、上の月額表甲欄に当てはめて求められる金額（4,220円）と一致しません。このように電子計算機による特例による金額が月額表甲欄の金額と若干異なってくる場合があります。しかし、最終的に年末調整で計算される年間の税額については特例がありませんので、開差は消滅することになります。

イ 月額表乙欄を適用する場合

ここでは、例として、扶養控除等申告書を提出していない勤務先の給与（従たる給与）の給与（月給）の額が200,000円で天引きされる社会保険料の額がない場合の税額の求め方を確認します。

この場合は、199,000円以上201,000円以下の行で右端の乙欄の税額となりますので、20,900円が源泉徴収税額となります。

（注）従たる給与に係る勤務先が給与の支払額に関する計算を電子計算機により行っている場合にも、月額表甲欄による場合の特例（アの＜参考＞参照）に準じた特例計算が認められています。

＜参考２＞「従たる給与についての扶養控除等申告書」を提出できる場合

複数の勤務先からの給与がある人の場合、主たる給与の支払者（勤務先）に扶養控除等申告書を提出してその給与については、甲欄を適用して求められる源泉徴収税額が天引きされ、その他の従たる給与については、その支払者に扶養控除等申告書を提出できませんから、乙欄を適用した割高な源泉徴収税額が天引きされるのが原則です。

ただし、複数の勤務先からの給与がある人のうち、その年分の主たる

給与の総額について、給与所得控除相当額と主たる給与から天引きされる社会保険料控除や小規模企業共済掛金控除の見積額を差し引いた金額が、人的控除額（源泉控除対象配偶者について適用される配偶者控除額又は配偶者特別控除額のほか扶養控除額、障害者控除額、寡婦（寡夫）控除額、勤労学生控除及び基礎控除額の合計額）を下回る場合には、従たる給与に係る勤務先に、「従たる給与についての扶養控除等申告書」（その源泉徴収税額からの控除対象とする源泉控除対象配偶者や控除対象扶養親族を記載します。）を提出することができます。この場合、その申告書に源泉控除対象配偶者や控除対象扶養親族として記載した旨を「給与所得者の扶養控除等（異動）申告書」に記載して、主たる給与に係る勤務先に提出することになります。

◎複数の勤務先からの給与がある人

$\left\{ \begin{pmatrix} 主たる給与 \\ の総額 \end{pmatrix} - \begin{pmatrix} 給与所得控除 \\ 相当額 \end{pmatrix} + \begin{pmatrix} 給与から天引きされた \\ 社会保険料控除等の額 \end{pmatrix} \right\} <$ 人的控除の合計額 の場合

⇒ 「従たる給与についての扶養控除等申告書」の提出可

☆月額表乙欄の場合は、次の金額を差し引いて源泉徴収税額を計算する（赤字のときは0）。
（この申告書に控除対象として記載した源泉控除対象配偶者と控除対象扶養親族の人数）×1,610円

「従たる給与についての扶養控除等申告書」を提出した勤務先における源泉徴収税額（月額表乙欄を適用）は、月額表乙欄を適用した場合の税額から1,610円にこの申告書に源泉控除対象配偶者及び控除対象扶養親族として記載した人の人数を掛けた金額を差し引いた金額（赤字のときは0）となります。

　（注）　障害者控除や寡婦（寡夫）控除、勤労学生控除に関しては、「従たる給与についての扶養控除等申告書」に記載することはできず、従たる給与の源泉徴収税額の計算に反映させることはできません。

（4）　賞与（ボーナス）に対する源泉徴収税額

　賞与（ボーナス）に対する源泉徴収税額は、通常は、「賞与に対す

る源泉徴収税額の算出率の表」（平24財務省告示115号別表第三）を用いて税額を計算します。この「賞与に対する源泉徴収税額の算出率の表」にも甲欄と乙欄とがあります。

　ただし、賞与の支給月の前月中の通常の給与の支給がなかった場合や賞与の額が前月中の通常の給与額の10倍を超える場合には、月額表を用いて税額を求めることになっています。

賞与（ボーナス）⇒「賞与に対する源泉徴収税額の算出率の表」を用いて税額計算
※ただし、前月中に通常の給与の支給がなかった場合や、賞与（ボーナス）額が前月中の通常の給与の額の10倍を超える場合には ⇨ 月額表を用いて計算

＜賞与の源泉徴収税額の求め方＞
ア　賞与に対する源泉徴収税額の算出率の表を用いる場合
　　　—賞与の支給額 ≦ 前月中に通常の給与の額×10の場合—

　この場合、扶養控除等申告書を提出している人の賞与に対する源泉徴収税額は、「賞与に対する源泉徴収税額の算出率の表」の甲欄の扶養親族等の数に応じた列の中で、前月中の社会保険料控除後の給与額が該当する行の左端の欄の算出率を賞与の額（天引きされた社会保険料がある場合にはその控除後の金額）に乗じて計算します。

【設例１】
賞与の額　　　　　956,800円　（天引きされた社会保険料の額 145,720円）
前月の給与額　　　416,000円　（天引きされた社会保険料の額　59,078円）
扶養控除等申告書　　提出あり
扶養親族等の数　　　4人

① 社会保険料控除後の賞与額　　　956,800円－145,720円＝811,080円
② 前月の社会保険料控除後の給与額　416,000円－59,078円＝356,922円
③ 賞与の額に乗ずべき税率は、「賞与に対する源泉徴収税額の算出

率の表」の甲欄の扶養親族等の数4人の列で356,922円が当てはまる300千円以上378千円未満の行の左端の4.084%
④ 賞与の額から天引きされる源泉徴収税額は、811,080円×4.084%＝33,124円

また、扶養控除等申告書を提出している人の賞与に対する源泉徴収税額は、「賞与に対する源泉徴収税額の算出率の表」の乙欄で、前月中の社会保険料控除後の給与額が該当する行の左端の欄の率を賞与の額（天引きされた社会保険料がある場合にはその控除後の金額）に乗じて計算します。

【設例2】
賞与の額　　　　　　　300,000円（天引きされた社会保険料の額 なし）
前月の給与額　　　　　200,000円（天引きされた社会保険料の額 なし）
扶養控除等申告書　　　提出なし

設例2の場合、賞与の額に乗ずべき税率は、「賞与に対する源泉徴収税額の算出率の表」の乙欄で前月の給与額200,000円が当てはまる241千円未満の行の左端の10.210%ですので、この賞与の額から天引きされる源泉徴収税額は、

300,000円×10.210%＝30,630円となります。

イ 月額表を用いる場合

― 前月中に通常の給与がなかった場合又は賞与の支給額 ≦ 前月中に通常の給与の額×10の場合 ―

賞与の支給を受けた月の前月中に通常の給与がなかった場合や賞与の支給額が前月中の通常の給与の額の10倍を超える場合の源泉徴収税額は、「賞与に対する源泉徴収税額の算出率の表」ではなく、月額表を用いて計算することになっています。

具体的な計算は、次によります。

① 賞与の金額（賞与の金額から天引きされる社会保険料等がある場合

にはその金額を差し引いた金額）の 6 分の 1（その賞与の計算の基礎となった期間が 6 か月を超える場合は、12分の1）の金額を求める。なお、前月中に通常の給与があった場合はその金額を加算する。

② 扶養控除等申告書を提出している人については、月額表の甲欄に、①により求めた金額とその人の扶養親族等の数とを当てはめて税額を求める。なお、前月中に通常の給与があった場合は、その金額とその人の扶養親族等の数とを月額表の甲欄に当てはめて税額を減算する。

また、扶養控除等申告書を提出していない人については、月額表の乙欄によって①により求めた金額に応じた税額を求める。なお、前月中に通常の給与があった場合は、その金額を月額表の乙欄に当てはめて求められる税額を減算する。

③ ②によって求めた税額に 6（又は12）を掛ける。→その賞与に対する源泉徴収税額

【設例 3】
賞与の額　　　　　　1,500,000円（天引きされた社会保険料の額 233,100円）
前月の通常の給与額　　　なし
扶養控除等申告書　　　　提出あり
扶養親族等の数　　　　　3人

ⅰ　賞与の金額（社会保険料の額控除後）の 6 分の 1 の金額
　　（1,500,000円－233,100円）÷ 6 ＝<u>211,150円</u>
ⅱ　月額表でⅰの211,150円が当てはまるのは、211,000円以上213000円未満の行であり、この行で甲欄の扶養親族等の数が 3 人の列の税額は、<u>350円</u>
ⅲ　賞与の額から天引きされる源泉徴収税額は、ⅱの350円の 6 倍の金額…350円×6＝<u>2,100円</u>

第2章 給与所得の源泉徴収と年末調整

【設例4】
賞与の額　　　　　　1,200,000円（天引きされた社会保険料の額なし）
前月の通常の給与額　100,000円（天引きされた社会保険料の額なし）
扶養控除等申告書　　提出なし

ⅰ　賞与の金額の6分の1の金額に前月中の通常の給与額を加算した金額
　　1,200,000円÷6＋100,000円＝<u>300,000円</u>
ⅱ　月額表でⅰの300,000円が当てはまるのは、299,000円以上302,000円未満の行であり、この行の乙欄の列の税額は、<u>52,900円</u>
　　また、月額表で100,000円が当てはまるのは、99,000円以上101,000円未満の行であり、この行の乙欄の列の税額は、<u>3,600円</u>
　52,900円－3,600円＝<u>49,300円</u>
ⅲ　賞与の額から天引きされる源泉徴収税額は、ⅱの49,300円の6倍の金額
　　……49,300円×6＝<u>295,800円</u>

2　年末調整

　勤務先に扶養控除等申告書を提出して、源泉徴収税額表の月額表や賞与の源泉徴収税額の算出率の表の甲欄を適用した源泉徴収税額の天引きを受けている場合、その源泉徴収税額は、扶養控除等申告書の記載内容に従って、人的控除（基礎控除のほか、配偶者（特別）控除や扶養控除、障害者控除、寡婦（寡夫）控除、勤労学生控除）を一定程度反映したものになっていることから、年間の源泉徴収税額の合計額は、年間の所得税及び復興特別所得税の額（主たる給与以外に所得がないとした場合の税額）に近似するようになっています。

　とはいえ、通常の給与や賞与に対する源泉徴収税額には、人的控除以外の所得控除（本人の合計所得金額の見込額が900万円を超えている場合の配偶者（特別）控除を含みます。）を反映することはできませんし、そもそも概算的な税額ですので、最終的に年間の所得税及び復興特別所得税の額を精算するためには、本来は、給与所得者自身が確定申告をする必要があります。

　しかし、給与所得者の場合、他に所得がないとすれば、人的控除以外の所得控除の計算を織り込むことによって、年間の所得税及び復興特別所得税の額を算定することが可能となります。

　そこで、勤務先に扶養控除等申告書を提出している給与所得者は、年間の給与総額が2,000万円以下の場合に限り、扶養控除等申告書に加え「給与所得者の配偶者控除等申告書」や「給与所得者の保険料控除申告書」、「給与所得者の（特定増改築等）住宅借入金等特別控除申告書」に必要な事項を記載して勤務先に提出することにより、勤務先において、年間の給与総額や各種の所得控除（雑損控除や医療費控除、寄附金控除を除きます。）、（特定増改築等）住宅借入金等特別控除を織り込んで所得税及び復興特別所得税の額を計算し、これとその年における源泉徴収税額の合計額とを比較し、過不足額を精算するという年末調整の手続が設けられています。

年末調整とは

給与所得者の扶養控除等申告書を提出済で年収2,000万円以下の人	勤務先に次の書類を提出 ・「給与所得者の保険料控除申告書」 ・「給与所得者の配偶者控除等申告書」 ・「給与所得者の（特定増改築等）住宅借入金等特別控除申告書」	⇒	勤務先で、提出を受けた左記の書類等に基づき年間の所得税及び復興特別所得税の額を計算し、源泉徴収された税額を比較⇒過不足額を精算

（注）　災害減免法の規定により源泉徴収税額の徴収猶予や還付を受けた人や年の中途で退職した人は年末調整の対象になりません。

　給与所得の年末調整の手続は、給与所得者の確定申告不要制度（第3章 1 参照）や預貯金の利子や金融類似商品などに係る源泉分離課税制度とも相まって、大多数の給与所得者が税務署に確定申告書を提出するという手数を省略できるという仕組みを作っているということができます。

（1）　年末調整の対象者

　　年末調整を受けることができるのは、上で説明したとおり、給与の支払者（勤務先）に「給与所得者の扶養控除等申告書を提出している人（月額表や日額表の甲欄を適用して給与に係る源泉徴収税額を計算されている人）に限られます。また、年間の給与総額が2,000万円を超える人は年末調整を受けることができませんし、年の中途で退職した人も、原則として、年末調整を受けることができません。

（2）　年末調整を行う時期

　　年末調整は、原則として、その年最後に給与を支払う際に行うことになっていますが、年末の賞与を12月分の通常の給与より先に支払う場合には、その賞与を支払う際に年末調整を行うことができることになっています。この場合、後で支払う12月分の通常の給与の見積額とそれに対する源泉徴収税額の見積額とを含めたところで年末調整を行いますが、12月分の通常の給与の実際の支払額とそれに対する

源泉徴収税額がその見積額と異なることとなった場合には、その12月分の通常の給与を支払う際に年末調整の再計算をする必要があります。

(3) 年末調整の手順

年末調整は次の手順により行われます。

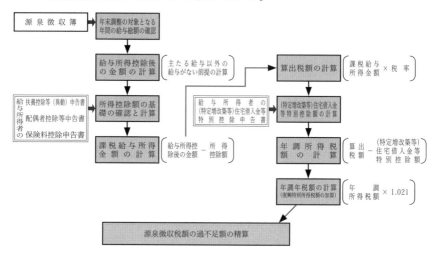

(注) 年末調整における年税額の計算は、主たる給与のみに基づく所得金額に基づくものですから、従たる給与がある場合には、上の手順で示された「給与所得控除後の金額」は、本来の給与所得の金額とは異なります。

(4) 年末調整のために提出すべき書類

ア 給与所得者の扶養控除等（異動）申告書

年末調整を受けることができるのは、上記(1)のとおり、扶養控除等申告書を提出している給与所得者で年間の給与総額が2,000万円以下の人に限られています。

そして、年末調整で適用される扶養控除や障害者控除、寡婦（寡夫）控除、勤労学生控除についても、扶養控除等申告書に記載されたところに基づいて計算されることになりますが、この申告書は、原則として、その年の最初の給与の支払を受けるまでに提出することになっていますので、年の中途でこれらの控除の要件にかかわる事情

が変わってくることがあり得ます。

　このため、当初提出した扶養控除等申告書の記載内容に異動があった場合には、その異動の日後、最初に給与の支払を受ける日の前日までに異動の内容等を記載した「給与所得者の扶養控除等異動申告書」を提出すべきこととされています。この異動申告書の提出を怠ると、その異動内容が年末調整に反映されず、正当でない税額がいったん確定してしまい、自ら税務署に確定申告するなどの対応を迫られることになってしまいます。

```
給与所得者の扶養控除等申告書の記載事項に異動があった場合
⇒　給与所得者の扶養控除等異動申告書を提出　⇒　年末調整で正当な税額計算
```

＜参考＞「給与所得者の扶養控除等申告書」の役割

> 　上記■1■給与所得の源泉徴収の仕組み（源泉徴収税額表等の区分）の（2）で説明したとおり、給与の受給者は、原則として、勤務先（従たる給与に係る勤務先を除く。）に「給与所得者の扶養控除等申告書」を提出しなければならないこととされており、その提出が源泉徴収税額表の月額表又は日額表の甲欄により源泉徴収税額を求めるための要件となっており、提出がない場合には、源泉徴収税額表の月額表又は日額表で税額が割高な乙欄を適用した源泉徴収税額を天引きされることになります。「源泉徴収税額表の月額表又は日額表の甲欄により源泉徴収税額を求める場合の要素である「扶養親族等の数」は、この申告書に記載されたところに基づいてカウントします。

（注）「給与所得者の扶養控除等（異動）申告書」には、源泉控除対象配偶者に関する事項も記載することになっています。
　　　源泉控除対象配偶者は、上記■1■給与所得の源泉徴収の仕組み（源泉徴収税額表等の区分）の（2）の表「給与所得者の扶養控除等申告書の記載事項」の（注）の箇所で説明したように、配偶者控除や38万円の配偶者特別控除の対象となる見込みの配偶者であるということができるのですが、年末調整で配偶者控除又は配偶者特別控除の適用を受けるには、年末調整前に別途次のイの「給与所得者の配偶者控除等申告書」を提出する必要があります。

イ　給与所得者の配偶者控除等申告書

> 年末調整で配偶者控除又は配偶者特別控除の適用を受ける場合
> ⇒　「給与所得者の配偶者控除等申告書」の提出が必要
> ※　「給与所得者の扶養控除等申告書」への「源泉控除対象配偶者」の記載のみでは適用不可

　平成30年（2018年）分から配偶者控除について、納税者本人の合計所得金額要件が付され、逓減・消失型の控除制度が採用されました。これに伴い、扶養控除等申告書には、上の（注）でも説明しているように、「源泉控除対象配偶者」を記載することとされましたが、この「源泉控除対象配偶者」として記載した人は、配偶者控除か38万円の配偶者特別控除の対象となる見込みの配偶者であるとはいえますが、必ずしも配偶者控除の対象となる人であるとは限りませんし、また、これには、納税者本人の合計所得金額の見込額が900万円超1,000万円以下の人が含まれていません。

　そこで、年末調整で、配偶者控除の適用を受けるためには、既に提出している扶養控除等申告書に加え、「給与所得者の配偶者控除等申告書」（巻末参考資料5参照）を年末調整前に提出することが必要とされたのです。

　なお、配偶者特別控除に関しては、平成29年分以前においては、「給与所得者の配偶者特別控除申告書」（実際には、「給与所得者の保険料控除申告書」と一体化した書式となっていました。）の提出が必要とされていたのですが、配偶者特別控除についても、納税者本人の合計所得金額に応じた逓減・消失型の控除制度が採用されたことから、新たな「給与所得者の配偶者控除等申告書」では、納税者本人と配偶者のそれぞれの合計所得金額をその内訳とともに記載し、これらに応じて適用すべき配偶者控除・配偶者特別控除の別を明らかにした上で控除額を記載するようになりました。

> 「給与所得者の配偶者控除等申告書」には、
> ・納税者本人と配偶者のそれぞれの合計所得金額（内訳を含む）と
> ・適用する配偶者控除と配偶者特別控除の別と控除額 を記載する。

ウ　給与所得者の保険料控除申告書

> 年末調整で
> 社会保険料控除、小規模企業共済等掛金控除、生命保険料控除又は地震保険料控除の適用を受ける場合
> ⇒　「給与所得者の保険料控除申告書」に必要な事項を記載して提出
> 　※　国民年金保険料や生命保険料など証明書類の添付が必要

　年末調整で、社会保険料控除や小規模企業共済等掛金控除、生命保険料控除、地震保険料控除の適用を受けるためには、年末調整前に「給与所得者の保険料控除申告書」（巻末参考資料6参照）に必要な事項を記載して提出する必要があります。

　ただし、給与（年末調整を受ける勤務先の給与に限ります。）から天引きされている社会保険料（健康保険料や厚生年金保険料など）や小規模企業共済等掛金については、年末調整を行う勤務先で既に情報を把握していますので、「給与所得者の保険料控除申告書」への記載を要しないことになっています。

　なお、生計を一にする親族の国民年金保険料や国民年金基金の掛金を社会保険料控除の対象として「給与所得者の保険料控除申告書」に記載する場合のほか、小規模企業共済等掛金控除や生命保険料控除、地震保険料控除の適用を受けるため所定の事項を「給与所得者の保険料控除申告書」に記載する場合には、これらに関し所定の証明書類（生命保険料控除の対象として記載している旧生命保険料で保険料の額が9,000円以下のものに係る証明書類を除きます。）をこの申告書に添付して提出する必要があります。

エ　給与所得者の（特定増改築等）住宅借入金等特別控除申告書

　（特定増改築等）住宅借入金等特別控除というのは、住宅借入金等

特別控除（措法41）と特定増改築等住宅借入金等特別控除（措法41の3の2）とを併せていう場合の表現です。これらに共通するのは、いずれも、対象となる住宅ローンに係る適用期間の各年末における残高を控除額の計算の基礎としていること（このため、これらを「住宅ローン控除」といったりします。）と控除を受けられる年分が対象となる住宅や増改築等をした部分を居住の用に供した日の属する年分から10年間とか5年間というように、複数の年分にわたり適用できることです。

このため、これらの適用期間の各年分のうち、最初に適用を受ける年分については、必要な事項を確定申告書に記載し、売買（請負）契約書や登記事項証明書など所定の添付書類を添付して税務署に提出することが必要ですが、勤務先で年末調整を受ける給与所得者については、適用2年目以後の年分については、税務署から送られてきた「給与所得者の（特定増改築等）住宅借入金等特別控除申告書」兼「年末調整のための（特定増改築等）住宅借入金等特別控除証明書」の「給与所得者の（特定増改築等）住宅借入金等特別控除申告書」の部分に必要な事項を記載し、住宅ローンの借入先から交付された「住宅取得資金に係る借入金の年末残高等証明書」を添付して勤務先に提出することにより、年末調整でこれらの控除の適用を受けることができるようになっています。

年末調整で（特定増改築等）住宅借入金等特別控除の適用を受ける場合
「給与所得者の（特定増改築等）住宅借入金等特別控除申告書」に必要事項を記載し、
↓「年末調整のための（特定増改築等）住宅借入金等特別控除証明書」と
「住宅取得資金に係る借入金の年末残高等証明書」を添付して勤務先に提出する。
※実際の書式は、「給与所得者の（特定増改築等）住宅借入金等特別控除申告書」兼「年末調整のための（特定増改築等）住宅借入金等特別控除証明書」になっている。

（注）（特定増改築等）住宅借入金等特別控除の適用2年目以後の年分において、年末調整でこれらの控除の適用を受けない場合は、確定申告により適用を受けることができます。

(5) 課税給与所得金額の計算

課税給与所得金額は、上の年末調整の手順に示しているところに従って計算します。

具体的には、

① まず、勤務先の源泉徴収簿に基づいて本人の年間の給与総額を計算し、

② その給与総額を「簡易給与所得表」（又は「給与所得の速算表」）に当てはめて給与所得控除後の金額を求めます。

③ 本人の提出した「給与所得者の扶養控除等（異動）申告書」や「給与所得者の配偶者控除等申告書」、「給与所得者の保険料控除申告書」の記載内容に応じた所得控除額を計算し、

④ ②の給与所得控除後の金額から③の所得控除額の合計額を差し引いて課税給与所得金額を計算します。

(注) 1 ①の源泉徴収簿に基づく「年間の給与総額」は、年間のいわゆる税引き前の給与の合計額のことです。

2 ①と②は、原則的な給与所得金額の計算（第1章■1■）に相当しますが、主たる給与のみに基づく計算であり、他の勤務先からの給与がある場合には、本来の給与所得控除後の金額（給与所得の金額）にはなりません。

3 ③と④は、課税総所得金額（**序章 所得税の概要・仕組み**の■3■課税所得金額の計算(所得控除)参照。）の計算に相当します。つまり、年末調整は、主たる給与以外の所得がないとした場合の総所得金額に対する税額を計算し、これと年間の源泉徴収税額とを比較して過不足額を精算する手続であるということができます。

(6) 年調年税額の計算と過不足額の精算

年調年税額の計算と過不足額の精算は、上の年末調整の手順に示しているところに従って行います。具体的には、

① まず、課税給与所得金額に税率を掛けて算出税額を計算します。この税率は、課税総所得金額に適用されるものと同じです。

② 「住宅取得資金に係る借入金の年末残高等証明書」を添付して「給与所得者の（特定増改築等）住宅借入金等特別控除申告書」に所定

の事項を記載して提出した給与所得者については、算出税額から（特定増改築等）住宅借入金等特別控除額を差し引いて年調所得税額を計算します（（特定増改築等）住宅借入金等特別控除の適用がない場合は、①の算出税額が年調所得税額となります。）。
③　②の年調所得税額に1.021を掛けて年調年税額（100円未満の端数切捨て）を計算します。
④　④の年調年税額と、本年中の源泉徴収税額の合計額とを比較し、その精算をします。

　源泉徴収税額の合計額が年調年税額よりも多い場合は、その差額（過納額）が還付されます。

　これに対し、源泉徴収税額の合計額が年調年税額よりも少ない場合は、その差額（不足額）が徴収されます。

(7) 　年末調整の再調整

　年末調整時に、配偶者控除や配偶者特別控除の対象とした配偶者や納税者本人の合計所得金額の見積額がその後確定した合計所得金額と異なっていたため、配偶者控除や配偶者特別控除額が変動する場合には、異動後の状況により、翌年1月末日までに年末調整の再調整（やり直し）をすることができることになっています。

　上に該当する場合において、この年末調整の再調整が行われなかったときは、給与所得者本人が税務署に確定申告をする必要があります。

　このほか、年末調整後その年中にその年分の給与の追加払が行われた場合や年末調整後その年中に結婚して控除対象配偶者を有することとなったり、子の結婚により控除対象扶養親族の数が減少したりした場合、年末調整後その年中に生命保険料や地震保険料などを支払った場合に年末調整の再調整（やり直し）をすることができることになっています。

第3章　給与所得者の確定申告

　序章で説明したとおり、所得税については申告納税制度が採用されており、所得税の額は、納税者が自ら確定申告を行うことにより確定するのが原則です。したがって、給与所得者についても、その年分の総所得金額等（給与所得以外の所得がない場合には給与所得の金額）が所得控除の合計額を超える場合で、その超える額（課税総所得金額等）に対する税額が、配当控除額と年末調整の際に控除を受けた住宅借入金等特別控除額の合計額を超える人は、原則として、確定申告をしなければならないことになっています。

　しかし、年間の給与総額が2,000万円以下で、その給与の全部について源泉徴収を受けている給与所得者は、給与所得及び退職所得以外の所得金額が20万円以下である場合など、一定の要件の下で確定申告を要しないことになっています（所法121①）。このため、ほとんどの給与所得者は、確定申告をしなくてもいいことになっているわけです。

　この章では、1で給与所得者が確定申告をしなくてもいい場合について具体的に説明し、2で反対に給与所得者であっても確定申告が必要とされる場合について、さらに、3で給与所得者が確定申告は要しないが、確定申告により源泉徴収税額の還付を受けられる場合について説明します。

▌1▐ 給与所得者が確定申告を要しない場合(確定申告不要制度)

　給与所得者が確定申告を要しない場合とは、具体的には、次の1～3のいずれにも該当する場合です。ただし、同族会社の役員やその親族等がその同族会社から給与以外にその同族会社に対する貸付金の利子や自らの不動産などの資産を使用させることによる対価の支払を受ける場合や災害減免法による源泉徴収税額の徴収猶予又は減免を受けている場合は除かれます。

　このように一定の場合に確定申告を要しないこととする制度を「確定申告不要制度」といいます。

1　年間の給与総額が2,000万円以下である。
2　その年中に支払われる給与の全部について源泉徴収を受けている[1]。
3　次の(1)～(3)のいずれかに該当する。
　(1)　給与の支払を受ける勤務先が1か所のみであり、その年分の「給与所得及び退職所得以外の所得金額」[2]が20万円以下である。
　(2)　給与の支払を受ける勤務先が複数であり、その年中の従たる給与に係る収入金額とその年分の「給与所得及び退職所得以外の所得金額」[2]との合計額が20万円以下である。
　(3)　給与の支払を受ける勤務先が複数であり、(2)には該当しないが、年間の給与総額が150万円と社会保険料控除の額、小規模企業共済等掛金控除の額、生命保険料控除の額、地震保険料控除の額、障害者控除の額、寡婦(寡夫)控除の額、勤労学生控除の額、配偶者控除の額、配偶者特別控除の額及び扶養控除の額との合計額以下で、かつ、その年分の「給与所得及び退職所得以外の所得金額」[2]が20万円以下である。

(注)　1　源泉徴収を受けていることについては、月額表及び日額表やそれぞれの甲欄及び乙欄の適用の別を問いません。日額表丙欄の適用を受けている場合も含まれます。

　　　2　「給与所得及び退職所得以外の所得金額」とは、確定申告書の提出等を要件とする特例等を適用しないで計算した総所得金額等から、給与所得の金額及び退職所得の金額の合計額を差し引いた金額のことをいいます。

給与の支払を受ける勤務先が1か所のみで、その給与所得以外に所得のない人については、**第2章 2** の年末調整を通じて所得税額が精算されることになりますから、確定申告を要しないのは当然のことといえるでしょう。これに対し、給与所得以外に不動産所得や雑所得などの所得がある人や、ダブルワークなどで給与の支払を受ける勤務先が複数ある人の場合は、主たる給与について年末調整を受けたとしても、その年分の所得税の額は、確定申告を通じてしか精算することができません。したがって、総所得金額等が所得控除の合計額を上回っているときは、原則として、確定申告の義務があることになります。

　にもかかわらず、上でお示ししたように、主たる給与以外の従たる給与や給与所得及び退職所得以外の所得が少額である一定の場合に限ってではありますが、確定申告を要しないこととする確定申告不要制度が設けられているのです。これは、一定の範囲で例外的に、確定申告の義務を緩和することを通じ、給与所得者の申告等に要する事務負担を軽減する趣旨であるといえます。また、このように、一定の範囲で給与所得者に確定申告の義務を緩和するということは、同時に税負担を軽減するという側面を伴っているということができます。

　（注）　確定申告を要しない場合に該当する人が誤って納税額の記載をした確定申告書を提出した場合には、その確定申告を撤回することができることになっています（所基通121－2）。

　給与所得者の確定申告の要否をフローチャートで示すと次のとおりです。

第1編 給与所得者の所得税

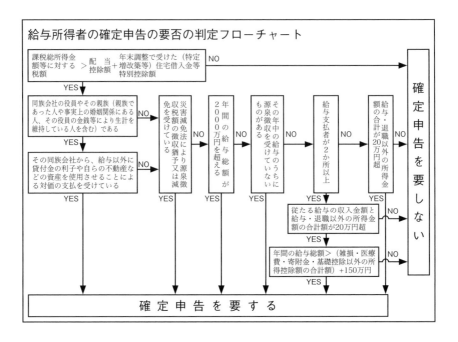

第3章　給与所得者の確定申告　73

<参考1>　「給与所得及び退職所得以外の所得金額」に関するＱ＆Ａ

Ｑ１　上場株式等の譲渡所得等が赤字で総合課税の不動産所得が黒字の場合

（問）　給与所得者の所得の内訳が次の場合、確定申告を要しないでしょうか？
○給与所得の金額　346万円（勤務先は1か所のみで年末調整を受けている。）
○不動産所得の金額　50万円
○上場株式等の譲渡所得等の金額　△100万円
○所得控除の合計額　154万円

（答）　確定申告が必要となります。

【解説】　上場株式等の譲渡所得等の金額の計算上生じた赤字の金額は、一定の要件の下で、翌年以後3年間の各年分に順次繰り越すことができますが、赤字が生じた年分においては、その他の所得の黒字の金額との通算（損益通算）はできないこととされています（措法37の11①）。

したがって、ご質問の場合は、総所得金額が346万円（給与所得の金額）＋50万円（不動産所得の金額）＝396万円となり、「給与所得及び退職所得以外の所得金額」は、50万円（＞20万円）となりますから、確定申告を要しない場合に当たりません。

（注）　長期（短期）譲渡所得金額や一般株式等の譲渡所得等の金額、先物取引等に係る雑所得等の金額が赤字の場合（居住用財産の買換えの場合の譲渡損失の金額や特定の居住用財産の譲渡損失の金額がある場合を除きます。）も、上場株式等の譲渡所得等の金額が赤字の場合と同様に、これらの赤字の金額は、その他の所得の黒字の金額との通算はできないことになっており（措法31①、32①、37の10①、41の14①）、「給与所得及び退職所得以外の所得金額」の計算に影響しません。

Ｑ２　総合課税の不動産所得が赤字で上場株式等の譲渡所得等が黒字の場合

（問）　給与所得者の所得の内訳が次の場合、確定申告を要しないことになるでしょうか？
○給与所得の金額　386万円（勤務先は1か所のみで年末調整を受けている。）
○不動産所得の金額　△85万円（土地等に係る負債利子の金額なし）
○上場株式等の譲渡所得等の金額　100万円
○所得控除の合計額　154万円

(答)　確定申告が必要となります。

【解説】　不動産所得の赤字の金額は、必要経費に算入した土地等の負債利子の額に相当する部分を除き、他の所得の黒字の金額から差し引くことができることになっています。これを損益通算といいます。ただし、上場株式等の譲渡所得等の金額との間では、損益通算が適用できないことになっており（措法37の11⑥、37の10⑥四）、その金額から不動産所得の赤字の金額を差し引くことはできません。

したがって、ご質問の場合、「給与所得及び退職所得以外の所得金額」は、上場株式等の譲渡所得等の金額の100万円（＞20万円）であるということになりますから、確定申告を要しない場合に当たりません。

(注)　長期（短期）譲渡所得金額や一般株式等の譲渡所得等の金額、先物取引等に係る雑所得等の金額も、上場株式等の譲渡所得等の金額と同様に、総合課税の事業所得や不動産所得の赤字の金額を差し引くことはできないことになっています（措法31③二、32④、37の10⑥四、41の14②三）。

Q3　青色申告特別控除を受ける場合

(問)　給与所得者甲には不動産所得があり、青色申告の承認を受けています。本年中の給与の支払を受ける勤務先は1か所で、年末調整を受けました。不動産所得については、青色申告特別控除（10万円）を適用すると15万円となりますが、この場合、甲は確定申告をする必要があるでしょうか？

(答)　確定申告を要しません。

【解説】　不動産所得、事業所得又は山林所得のある人は、青色申告承認申請の対する承認（通常はみなし承認）を受けて青色申告をすることができます。そして、青色申告を行う場合、不動産所得の金額、事業所得の金額又は山林所得の金額の計算上、青色申告控除を適用することができます（措法25の2）。

この青色申告特別控除には、最高10万円と最高65万円の2種類の控除があります。

このうち、最高65万円の青色申告特別控除は、不動産所得又は事業

所得を生ずべき事業を行っている青色申告者で、事業に関する取引の記録を正規の簿記の原則に従って記帳し、確定申告書に事業に関する貸借対照表を添付するといった要件を満たす人だけが適用できることとされており、確定申告書を期限内に提出しない場合には適用できないことになっています（措法25の2③）。

これに対し、最高10万円の青色申告特別控除については、確定申告に関する要件は付されていません（措法25の2①）。

ところで、「給与所得及び退職所得以外の所得金額」とは、確定申告書の提出等を要件とする特例等を適用しないで計算した総所得金額等から、給与所得の金額及び退職所得の金額の合計額を差し引いた金額のことをいいますから、ご質問の場合、甲の「給与所得及び退職所得以外の所得金額」は、10万円の青色申告特別控除を適用した不動産所得の金額15万円（≦20万円）であり、したがって、甲は確定申告を要しないことになります。

なお、65万円の青色申告特別控除の適用を受けるには、上で説明したとおり、確定申告書の提出が必要ですから、「給与所得及び退職所得以外の所得金額」は、この65万円の青色申告特別控除を適用しないで計算することになります。

(注) 平成30年度の税制改正により、青色申告特別控除制度は、最高10万円と最高55万円、最高65万円の3種類の控除になります。このうち、最高55万円の青色申告特別控除は、現行の65万円の青色申告特別控除と同じ要件で適用されるものであり、65万円の青色申告特別控除は、55万円の青色申告特別控除の要件に加え、確定申告書等をe-Taxにより提出するなどの要件を満たす場合に適用できることになっています。

Q4　白色の事業専従者控除の適用を受ける場合

（問）　給与所得者乙は、サイドビジネスに係る事業所得があり、白色で申告をしています。
　乙の妻は、乙の事業に専ら従事していることから、事業専従者控除の適用を受けることができますが、事業専従者控除を適用しない場合の事業所得の金額は40万円ですので、事業専従者控除額が20万円、事業専従者控除の適用後の事業所得の金額も20万円になります。
　乙の本年中の給与については、全て源泉徴収されています。
　この場合、乙は確定申告をする必要があるでしょうか？

（答）　確定申告が必要となります。

【解説】　不動産所得や事業所得を生ずべき事業を営む事業主（青色申告者を除きます。）の事業に専ら従事しているその事業主と生計を一にする親族（事業専従者）がいる場合には、その事業に係る不動産所得の金額又は事業所得の金額の計算上、事業専従者控除として、事業主の配偶者である事業専従者については86万円、事業主の配偶者以外の事業専従者については1人当たり50万円を控除することができます。ただし、事業専従者控除額は、この控除を適用しない場合の不動産所得の金額又は事業所得の金額を（事業専従者数＋1）で割った金額が限度とされています。

　なお、事業専従者控除の適用を受けるためには、確定申告書に所定の事項を記載して提出する必要があります。したがって、「給与所得及び退職所得以外の所得金額」はこの事業専従者控除を適用しないで計算することになりますから、ご質問の場合、40万円（＞20万円）となり、確定申告を要しない場合に該当しません。

＜参考２＞　個人住民税の取扱い

所得税の確定申告を要しない場合であっても、個人住民税の申告が必要になる場合あり！

　個人住民税については、所得税と異なり、賦課課税制度が採用されており、住所地の市区町村において、前年中の所得金額などに基づいて税額の賦課決定が行われることになっていますが、その賦課決定のため、原則として、住所地の市区町村に申告書を提出することが義務付けられています。

　ただし、前年分の所得税の確定申告書を提出した人については、その情報が税務署から市区町村に提供されることになっており、また、前年中の所得が給与所得や公的年金等のみの人については、これらの支払者から市区町村に「給与支払報告書」や「公的年金等支払報告書」が提出されることになっていることから、個人住民税の申告は不要とされています。

　したがって、ダブルワークで複数の勤務先からの給与があった人については、従たる給与の年間総額が20万円以下で、かつ、給与以外の所得がなかった場合には、所得税も個人住民税もともに申告の義務がないことになります。

　しかし、給与所得者で給与所得以外の所得がある人は、たとえ、その金額が少額であるため、上で説明した所得税の確定申告を要しない場合に該当する場合であっても、個人住民税の申告は必要となりますのでご注意ください。

❚2❚ 給与所得者が確定申告を要する場合

　給与所得者が確定申告をしなければならないのは、簡単にいえば、❚1❚の確定申告を要しない場合に該当しない場合ということになります（❚1❚のフローチャート参照。）。

　この点に関し、国税庁は、

i 　課税総所得金額等に所定の税率を掛けて求めた所得税額から、配当控除額と年末調整の際に控除を受けた（特定増改築等）住宅借入金等特別控除額を差し引いた残額があり、

　かつ、

ii 　次の（1）から（6）のいずれかに該当する場合

に確定申告が必要であると説明しています（「平成29年分所得税及び復興特別所得税の申告の手引き」の「確定申告が必要な方」の「給与所得がある方」の部分参照。平成30年分の手引きでも同様の説明となると見込まれます。）。

(1)	年間の給与総額が2,000万円を超える。
(2)	給与を1か所から受けていて、かつ、その給与の全部が源泉徴収の対象となる場合において、給与所得及び退職所得以外の所得金額が20万円を超える。
(3)	給与を2か所以上から受けていて、かつ、その給与の全部が源泉徴収の対象となる場合において、年末調整をされなかった給与の収入金額と、給与所得及び退職所得以外の所得金額が20万円を超える（年間の給与総額から、所得控除の合計額（雑損控除、医療費控除、寄附金控除及び基礎控除を除く。）を差し引いた残りの金額が150万円以下で、かつ、給与所得及び退職所得以外の所得金額が20万円以下の場合を除く。）。
(4)	同族会社の役員やその親族などで、その同族会社からの給与のほかに、貸付金の利子、店舗・工場などの賃貸料、機械・器具の使用料などの支払を受けた。
(5)	給与について、災害減免法により所得税等の源泉徴収税額の徴収猶予や還付を受けた。
(6)	在日の外国公館に勤務する方や家事使用人の方などで、給与の支払を受ける際に所得税等を源泉徴収されないこととなっている。

（1） 確定申告書の記載事項

　確定申告書には、その人の氏名や住所、マイナンバーのほか、次のような事項を記載することになっています。

① 総所得金額とその所得区分ごとの内訳（各種所得の（総）収入金額と所得金額）
② 上場株式等の譲渡所得等など申告分離課税の所得がある場合には、その収入金額と所得金額
③ 適用を受ける所得控除の内訳（配偶者（特別）控除や扶養控除等については、その対象となる控除対象配偶者や控除対象扶養親族等の氏名やマイナンバー）と合計額
④ 課税総所得金額等と税率を適用して求められる税額
⑤ 適用を受ける配当控除、（特定増改築等）住宅借入金等特別控除、外国税額控除などの税額控除額
⑥ 申告する所得に対する源泉徴収税額

　確定申告書A様式やB様式には、必要な事項を記載するための欄が設けられていますから、それぞれの「確定申告の手引き」などを参考に必要な事項を記載します。

（2） 確定申告書の使用区分

　確定申告書には、A様式とB様式とがあります。

　このうち、A様式は、申告する所得が給与所得や年金などの雑所得、総合課税の配当所得、一時所得のみで、予定納税額のない方が使用する申告書です。したがって、給与所得者の多くは、A様式を使用することになると思われます。ただし、雑所得に該当する臨時所得があり、平均課税の適用を受ける場合には、A様式ではなくB様式を使用します。

　また、B様式は、所得の種類のいかんにかかわらず使用できる様式です。

なお、A様式とB様式には、それぞれ第一表と第二表がありますが、土地や建物の譲渡所得や株式の譲渡所得など申告分離課税の所得がある場合には、第三表（分離課税用）を、純損失等の金額を翌年以後の年分に繰り越す場合には、第四表（損失申告用）をB様式の第一表・第二表と併せて使用します。

(3) 確定申告書の添付書類等

確定申告書の提出に当たり、申告の内容に応じ、確定申告書に添付して提出しなければならないこととされている書類や確定申告書に添付して提出するかその提出の際に提示するかを選択できることとされている書類があります。これらの書類は、各種の所得金額の計算根拠を明らかにしたり、所得控除や税額控除の適用要件や控除額の計算の基礎を明らかにしたりするエビデンス（証拠書類）の性格を有しているものといえます。

ア　確定申告書に添付して提出しなければならない書類

＜申告する所得の種類によるもの＞

所得の種類	添付書類
給与所得	給与所得の源泉徴収票
事業所得・不動産所得	収支内訳書（青色申告者は青色申告決算書）
公的年金等の雑所得	公的年金等の源泉徴収票
配当所得	上場株式等の配当の支払通知書、特定口座年間取引報告書など

（注）1　給与所得の源泉徴収票は勤務先から交付を受けた書面のものに限ります。
　　　2　一般株式等又は上場株式等の譲渡所得等や先物取引の雑所得等がある場合には、それぞれの所得金額の計算明細書の添付が必要です。

＜適用を受ける所得控除に対応するもの＞

所得控除の種類	添付書類
医療費控除	医療費控除の明細書又は医療保険各法の保険者（健康保険組合など）から交付された医療費通知
セルフメディケーション税制	セルフメディケーション税制の明細書

(注) 平成31年（2019年）分までは、これらの書類の添付に代え、医療費等の領収書の添付又は提示も可。

＜適用を受ける税額控除に対応するもの＞

　各種の税額控除（配当控除を除く。）に係る計算明細書のほか、次の税額控除に対応する書類

税額控除の種類	添付書類
（特定増改築等）住宅借入金等特別控除など	取得等をした家屋に係る床面積や取得時期を明らかにする登記事項証明書など、住宅取得資金に係る借入金の年末残高等証明書
政党等寄附金特別控除	「寄附金（税額）控除のための書類」
外国税額控除	外国所得税を課されたことを証する書類

イ 確定申告書に添付して提出するかその提出の際に提示することとされている書類

＜適用を受ける所得控除に対応するもの＞

所得控除の種類	添付又は提示する書類
雑損控除	災害等に関連してしたやむを得ない支出に係る領収書
医療費控除	おむつ証明書など
社会保険料控除	国民年金保険料や国民年金基金の掛金に係る証明書又は領収書
小規模企業共済等掛金控除	支払った掛金に係る証明書
生命保険料控除	生命保険料控除証明書
地震保険料控除	地震保険料控除証明書
寄附金控除	寄附金の受領書（一定の政治献金については「寄附金（税額）控除のための書類」）
配当所得	上場株式等の配当の支払通知書、特定口座年間取引報告書など

ウ マイナンバーに係る本人確認

　税務署にマイナンバーを記載した確定申告書を提出する場合、「なりすまし」を防止するため、「本人確認」をすることになっています。「本人確認」としては、確定申告書に記載されたマイナンバーが正しい番号であることを確認する「番号確認」と、その申告書を提出する者が番号の正しい持ち主であることを確認する「身元確認」とが必要とされています。

　まず、マイナンバーカードを持っている人の場合は、このカードにより番号確認と身元確認の両方を行うことができますから、確定申告書を税務署で提出する際にマイナンバーカードを提示するか、郵送で提出する確定申告書にマイナンバーカードの表面と裏面の両方のコ

ピーを添付して提出することにより、本人確認に対応できることになります。

また、マイナンバーカードを持っていない人の場合は、通知カードやマイナンバーが記載された住民票の写しにより番号確認を、運転免許証などにより身元確認を、それぞれ行うことになりますから、確定申告書を提出する際にこれらの書類を提示するか、郵送で提出する確定申告書にこれらの書類コピーを添付して提出することにより、本人確認に対応できることになります。

＜参考＞　e‐Taxによる確定申告の場合

e-Taxにより確定申告をする場合には、事業所得等の収支内訳書や青色申告決算書、上場株式等の譲渡所得等の計算明細書など自らが作成する添付書類については、確定申告書と同様にe-Taxにより送信することができますが、給与所得の源泉徴収票や寄附金控除に係る寄附金の受領証など第三者作成書類については、原則として、別途郵送等の方法により添付又は提示することになっています。

ただし、次の特例措置が設けられています。

① 第三者作成書類の添付等の省略

　e-Taxにより確定申告をする場合、第三者作成書類のうち、給与所得や公的年金等の源泉徴収票、社会保険料控除の対象となる国民年金保険料の証明書、生命保険料控除証明書などについては、その記載内容を入力してe-Taxで送信することにより、添付又は提示を省略できることになっています。

　ただし、この場合、確定申告期限から5年間は、入力内容を確認するため、税務署からこれらの書類の提示又は提出を求められることがありますので、この間は、書類を保存しておく必要があります。

（注）　給与所得の源泉徴収票については、給与の受給者の事前承諾等の一定の要件の下で、書面ではなく電子的に交付することができます。これにより電子交付された給与所得の源泉徴収票のうち、国税庁が定める一定のデータ形式で作成し、かつ、給与支払者（勤務先）の電子署名を付されたものについて

は、受給者がe-Taxにより確定申告を行う際にその添付書類としてオンライン送信することもできます。

② 第三者作成書類のイメージデータによる提出

e-Taxにより確定申告をする場合、第三者作成書類のうち、①の添付等の省略の対象とならないもので一定のもの（例えば、（特定増改築等）住宅借入金等特別控除の適用を受ける場合の登記事項証明書などの書類）については、ＰＤＦ方式によるイメージデータにより提出することができることになっています。イメージデータにより提出した書類（原本）については、法定申告期限から5年間保存しておく必要があります。

以上のほか、e-Taxで確定申告書を送信する場合には、電子証明書などで本人確認が行われますので、別途、マイナンバーに関する本人確認書類の提示又は写しの提出は不要とされています。

> e-Taxにより確定申告する場合
> 確定申告書に添付又は提示することとされている第三者作成書類は、（原則）別途郵送等により税務署に提出する ⇒ 次の特例あり。
> ① 特定のもの（給与所得の源泉徴収票など）については、添付省略可
> ← 書類の記載内容の入力と書類の保存（法定申告期限から5年間）が必要
> ② ①の書類以外で一定のもの（住宅借入金等特別控除に係る登記事項証明書など）については、イメージデータによる提出可 ←書類（原本）の保存（法定申告期限から5年間）が必要
> ★ マイナンバーに関する本人確認書類の提示等は不要

（4） 確定申告書の提出先

確定申告書は、住所地を所轄する税務署に提出します。

これは、所得税の「納税地」が、原則として、住所地とされていることによります。この「納税地」というのは、その税目における所轄税務署をどの税務署にすべきかを決めるための基準となる場所のことです。

なお、住所以外に居所や事業に係る事業所、事務所等を有している

人については、選択により、住所地に代えて居所地や事業所等の所在地を所得税の納税地にすることができます。この選択をする場合には、住所地の所轄税務署に「所得税・消費税の納税地の変更に関する届出書」を提出します。この提出日から納税地が変更されます。この納税地の変更の手続をした場合には、確定申告書の提出先は、変更後の納税地を所轄する税務署になります。

(注) 1 「住所」とは、生活の本拠をいい、必ずしも住民票の所在地とは限りません。また、「居所」とは、住所のように生活の本拠とはいえないものの、継続的に生活の場としている場所をいいます。

  2 給与所得者の勤務先や賃貸している不動産の所在地は、事業所等には当たりません。

3 給与所得者が還付申告をすることができる場合

　その年中に退職して再就職しなかった人など年末調整を受けることができなかった人の多くは、給与所得の金額が所得控除の額の合計額を下回るため、他の所得がなければ、確定申告の義務はないことになると考えられます。この場合、給与から天引きされている源泉徴収税額があるときは、税額の精算をして源泉徴収税額の還付を受けることができますが、この精算のためには、確定申告が必要です。

　また、年末調整を受けた給与所得者でその対象となった給与以外の所得がない人が年末調整の対象とならない雑損控除や医療費控除、寄附金控除のほか、住宅ローン控除をはじめとする住宅の取得等に係る各種の税額控除などの適用を受ける場合にも確定申告が必要となります。

　以上のような確定申告は、2 で説明した確定申告をしなければならない場合の確定申告とは異なり、確定申告の期限が定められていません。このような申告を「還付を受けるための申告」といい、このための申告書を「還付を受けるための申告書」といいます。

　「還付を受けるための申告書」については、いつまでに提出しなければならないという期限は定められていないのですが、国税の還付金請求権には、5年の消滅時効があります。したがって、「還付を受けるための申告書」はその年の翌年1月1日から提出できますので、それから5年目の年末までに提出しないと、消滅時効により還付金を受ける権利がなくなってしまいます。

> 「還付を受けるための申告書」は、その年の翌年1月1日から5年間提出できる。

＜参考＞ 雑損失の繰越控除・上場株式等の譲渡損失の繰越控除等のための申告

　災害により住宅家財などの資産に損害を受けた場合には、雑損控除が適用されることになりますが、最近の西日本豪雨災害や北海道の地震災害のような大規模な災害の場合には、損害額が多額であるため、雑損控除額が所得金額を上回るという事例が多くなっているものと思われます。

　このような場合、序章の**3課税所得金額の計算（所得控除）**で説明しているように、その上回った部分の金額を翌年以後3年間の各年分に順次繰り越して控除するという「雑損失の繰越控除」の適用を受けることができます。この「雑損失の繰越控除」の適用を受けるためには、**序章の7還付を受けるための申告・純損失等の金額を翌年以後に繰り越すための申告**で説明しているように、損害が発生した年分やそれに続く年分（翌年以後の年分に損失を繰り越す年分）において、その翌年以後の年分で雑損失の繰越控除を受けるために損失を繰り越す内容の確定申告をする必要があります。

　「純損失等の金額を翌年以後に繰り越すための申告」は、上場株式等の譲渡損失の金額や先物取引の差金等決済に係る損失の金額を翌年以後3年間の各年分に順次繰り越して控除を受ける場合も、同様に必要です。

```
雑損失の金額や上場株式等の譲渡損失の金額、先物取引の差金等決済に係
る損失の金額
⇒ 翌年以後3年間の各年分に順次繰り越して控除を受けることができる。
　★この繰越しを受けるためには、「純損失等の金額を翌年以後に繰り越
　　すための申告」が必要
```

第2編

サイドビジネス・フリーランスと所得税等

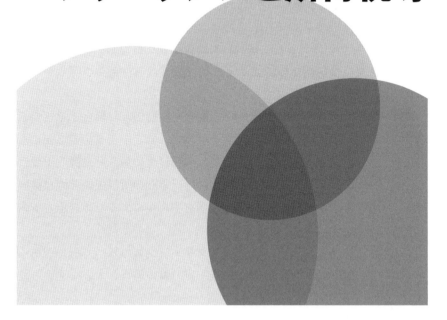

第1編 給与所得者の所得税では、就業人口の大多数を占める給与所得者にフォーカスして、所得税を説明しました。現在、「働き方改革」の進展に伴い、本業としての正規雇用による給与所得以外に所得がある人や、フリーランスという働き方を選択することにより、所得税法上、給与所得者ではなく事業所得者等にカテゴライズされる人が増えてきている状況にありますが、**第2編**では、このような状況に対応すべく**サイドビジネス・フリーランスと所得税等**を取り上げます。

序章で説明しているように、わが国の所得税は、総合課税を原則としていますし、上場株式等の譲渡所得等や先物取引に係る雑所得等のような申告分離課税の所得についても、申告自体は総合課税の所得と一緒に行う仕組みになっています。

例えば、給与所得に加えて副業（サイドビジネス）による所得があるような場合には、それぞれの所得に対応する所得税額を別々に計算して納税するわけではないのです。このような場合、原則として、これらの所得金額を合算したところに基づいて所得税額を計算し、源泉徴収（年末調整）を受けた税額との精算による納税額又は還付金額を明らかにするための確定申告をすることになります。

また、独立したフリーランスという働き方を選択した場合、そこから生じる所得の区分に基づき所得金額を計算し、確定申告をすることになります。フリーランスの種類によっては報酬料金に係る源泉徴収を受けることがありますが、このような場合には、年間の所得税額と源泉徴収税額との精算による納税額又は還付金額を明らかにするための確定申告をすることになります。

いずれにしても、サイドビジネスやフリーランスに基づく所得がある場合には、所得税との関わり方が給与所得のみの場合と大きく変わってきます。

以下、**第1章**ではサイドビジネス・フリーランスの所得区分の基本的考え方について説明し、その上で、**第2章ではサイドビジネス・フリー**

ランスと所得税について、確定申告等の手続や関連する源泉徴収制度を説明します。さらに、**第3章**では、**サイドビジネス・フリーランスと消費税**について説明します。

第1章 サイドビジネス・フリーランスの所得区分

　繰り返しになりますが、所得税法では、**序章**で説明しているように、所得を10種類に区分し、それぞれの区分ごとに所得金額の計算方法を定めています。

　サイドビジネスやフリーランスによる所得には様々なものがありますが、その多くは、雑所得など給与所得以外の所得に区分され、所得金額の計算方法も、給与所得とは異なることになります。

　そこで、この章では、サイドビジネスやフリーランスの種類ごとの所得区分等について説明することとします。

1 各種所得の区分等

　所得税法上の所得区分は、利子所得、配当所得、不動産所得、事業所得、給与所得、退職所得、山林所得、譲渡所得、一時所得及び雑所得10種類です。

　これらの概要は、序章の 1 所得税の対象となる所得とは？の表「各種所得の金額の計算方法」のとおりです。

　これら各種所得には、利子所得や配当所得のように金融資産の保有を通じて生じる所得、不動産所得や事業所得のように業務から生じる所得、給与所得や退職所得のように雇用契約等に基づく勤務の対価としての所得、山林所得や譲渡所得のように資産（棚卸資産等を除きます。）の譲渡から生じる所得があります。このほか、一時所得は、以上8種類の所得のいずれにも該当しない所得のうち、資産や役務（サービス）の対価の性質を有しない一時の所得をいい、雑所得とは、他の9種類の所得のいずれにも該当しない所得をいいます。

　　（注）「業務」というのは、営利を目的とした継続的な営みのことをいいます。所得を生じさせるための独立した継続的な営みといい換えることもできます。なお、「業務」には不動産所得や事業所得を生ずべき「事業」も含まれます。つまり、「業務」には、①「事業」と②「事業と称するに至らない業務」の2種類があるということです。

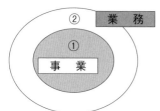

①から生じる所得…**不動産所得・事業所得**・山林所得

②から生じる所得…**不動産所得**・山林所得・**雑所得**

　ところで、10種類の所得のうち、退職所得と山林所得以外の8種類の所得については、序章の 2 総合課税の原則でも説明したとおり、所得税法の規定では総合課税とされているのですが、租税特別措置法の規定により源泉分離課税や申告分離課税とされているものがあります。

例えば、預貯金の利子やいわゆる金融類似商品の果実については、源泉分離課税とされており、一般（上場）株式等の譲渡所得等や先物取引等の雑所得等については申告分離課税とされています。

なお、一般（上場）株式等の譲渡所得等や先物取引等の雑所得等には、それぞれ、事業所得、譲渡所得又は雑所得に該当するものが含まれています。

（1） 所得区分等の基本

ある所得がどの所得区分に該当するかについては、まず、ある所得区分の典型的な類型に当たるかどうかを検討すべきであると考えられます。

例えば、①利子所得や配当所得に該当するものや②資産（棚卸資産等を除きます。）の譲渡等による山林所得や譲渡所得に該当するもの、③不動産（一定の船舶や航空機を含みます。）の貸付けによる所得、すなわち、不動産所得に該当するもの、④雇用契約に基づく勤務の対価で退職所得に該当しないもの、すなわち、給与所得に該当するもの、⑤退職に基因して受ける退職金など退職所得に該当するものは、明確に区分することができると考えられます。

このほか、農林水産業や小売業、製造業、飲食店などに係る所得が一般的に事業所得に該当することについては、おおむね問題がないと思われます。ただし、客観的に「対価を得て継続的に行う事業」とはいえないレベルの業務に係るものは雑所得とみられるケースもあり得ます。

なお、以上のアプローチで所得区分を特定できないような事例の場合は、より仔細な検討を踏まえて所得区分を判定すべきことになります。

また、一時所得や雑所得に該当するものかどうかの検討に当たっては、これらの所得以外の8種類の所得のいずれにも該当しないかどう

かの検討を踏まえ、その上で判定することになります(次の図を参照。)。

<一時所得又は雑所得に該当するかどうかの判断の流れ>

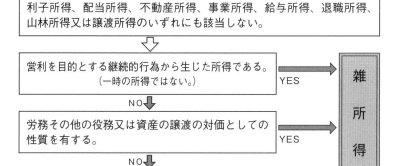

なお、サイドビジネスに関していえば、人的役務提供の対価の性質を持つものが多いことから、次の(2)給与所得と事業所得・雑所得との区分の検討の俎上に上るケースが少なくないと思われますが、例えばサイドビジネスとして、ワンルームマンションなどの不動産の賃貸をする場合の所得は不動産所得になります。また、上場株式等の売買を行うことによる所得は上場株式等の譲渡所得等として、また、ＦＸの取引や商品先物取引などによる所得は先物取引に係る雑所得等として、それぞれ申告分離課税により課税されることになります。

(注) 上場株式等の売買を行うことによる所得やＦＸの取引や商品先物取引などによる所得は、一般的には雑所得に該当すると思われますが、事業所得又は譲渡所得に該当する可能性もあります。ただし、その区分いかんによる課税関係にほとんど差はありません。

＜参考＞　上場株式等の配当所得等の課税関係について

i　上場株式等に係る配当所得

　上場株式等に係る配当所得については、発行会社の発行済株式の3％以上を保有する大口株主を除き、確定申告をしないことを選択できることになっています。複数の銘柄の上場株式等に係る配当所得がある場合には、銘柄毎に配当の都度（源泉徴収口座内の配当は口座毎に）、確定申告をするかどうかを選択できることになっています（措法8の5①二）。

　確定申告をすることを選択した上場株式等に係る配当所得については、原則として、総合課税の対象となりますが、選択により、申告分離課税の上場株式等の配当所得等の金額として申告することもできます（措法8の4①一）。この選択は、申告することとした上場株式等に係る配当所得の全部について一括して行うことになっていますので、上場株式であるA社の株式に係る配当は総合課税を、同じく上場株式であるB社の株式に係る配当は申告分離課税を、それぞれ選択するといったことはできません。

(注)　「上場株式等の配当所得等の金額」とは、上場株式等の配当等に係る利子所得の金額（申告することを選択した特定公社債等の利子等の金額）及び配当所得の金額（上場株式等に係る配当所得については、申告分離課税を選択したものに限ります。）をいいます（措法8の4①）。

　なお、上場株式等に係る配当所得を総合課税により申告する場合には、その金額を対象として配当控除の適用を受けることができますが、申告分離課税により申告する場合には、その金額を配当控除の対象とすることはできません（措法8の4②）。

　また、上場株式等の譲渡による損失の金額がある場合には、申告分離課税の上場株式等の配当所得等の金額と損益通算ができます（措法37の12の2①）し、これにより引ききれなかった金額は、上場株式等の譲渡損失の繰越控除の対象として翌年以後3年間の各年分に順次繰り越して、上場株式等の譲渡所得等の金額（黒字の金額）と申告分離課税の上場株式等の配当所得等の金額の順にこれらの金額から差し引くことができます（措法37の12の2⑤）。

ii　上場株式等に係る利子所得

　利子所得のうち、平成28年1月1日以後に支払を受けるべき特定公社債等の利子等については、預貯金の利子と同様に源泉徴収されますが、源泉分離課税ではなく、申告分離課税の上場株式等の配当所得等の金額としての申告分離課税の対象とされています（措法8の4①）。ただし、内国法人等から支払を受ける特定公社債等の利子等の金額については、

確定申告しないことも選択できます（措法8の5①）。
　すなわち、上場株式等の譲渡損失の金額があるため、これとの損益通算をしたり、前年分以前の上場株式等の譲渡損失の金額で繰り越されたものを差し引いたりするような場合に、確定申告することを選択すればよいことになります。
(注)　特定公社債等とは、国債、地方債、外国国債、公募公社債、上場公社債、平成27年12月31日以前に発行された公社債（同族会社が発行した社債を除きます。）などの一定の公社債や公社債投資信託などをいいます。

上場株式等の配当に係る配当所得の申告についての選択

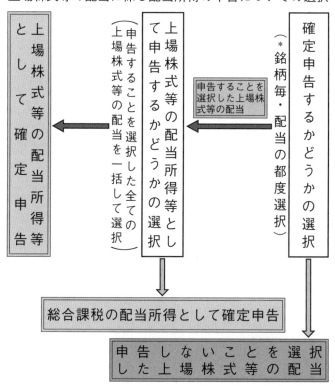

＊　源泉徴収口座内の配当については、口座ごとの選択。

(2) 給与所得と事業所得・雑所得との区分

雇用契約等に基づき個人が提供する労務のほか、個人が提供するサービスのことを人的役務といいます。人的役務の提供の対価としての所得としては、給与所得のほか事業所得、雑所得があり得ます。

序章の■1■ 所得税の対象となる所得とは？の表「各種所得の金額の計算方法」で示した所得金額の計算方法で分かるように、事業所得と雑所得（公的年金等に係る雑所得を除きます。）については、総収入金額から必要経費の額を差し引いて計算するという共通点がありますが、給与所得については、事業所得や雑所得と異なり、第1編の第1章で詳しく説明したように、原則として、総収入金額からその金額に応じた給与所得控除額を差し引いて計算することになっています。

また、給与所得については、**第1編の第2章 給与所得の源泉徴収と年末調整**で紹介したきめ細かな源泉徴収の対象とされている点でも、事業所得や雑所得と大きく異なります。

ところで、給与所得というのは、正社員の給与にせよ、パートやアルバイトなどの非正規労働に基づく給与にせよ、勤務先との雇用契約に基づく労務（人的役務提供）の対価であり、事業所得とか雑所得とかに区分される所得とは明らかに違うのではないかと思われるかもしれません。

> 給与所得は、雇用契約に基づく人的役務提供（労務）の対価に限られない。が、雇用契約に基づく人的役務提供（労務）の対価は給与所得である。

しかし、給与所得の範囲は、雇用契約に基づく人的役務提供（労務）の対価に限られているわけではないのです。例えば、会社の取締役や監査役などの役員の報酬も給与所得に該当することに疑いはないと思いますが、会社と役員との間の契約関係は、雇用ではなく委任です。そもそも、給与所得の定義は、「俸給、給料、賃金、歳費及び賞与並びにこれらの性質を有する給与に係る所得」(所法28①)とされていて、「雇用契約」という言葉は出てきませんし、「歳費」という国会議員等

の報酬も掲げられているところです。

このため、古くから給与所得か事業所得かを巡って争われた裁判例（例えば、楽団員の所得区分を巡る東京地裁昭和43年4月25日判決（行裁例集19巻4号763頁））や弁護士の顧問報酬に係る所得区分を巡る最高裁昭和56年4月24日第二小法廷判決（民集35巻3号672頁）など）があるところです。特に、後者においては、

「給与所得とは雇傭契約又はこれに類する原因に基づき使用者の指揮命令に服して提供した労務の対価として使用者から受ける給付を」いい、「なお、給与所得については、とりわけ、給与支給者との関係において何らかの空間的、時間的な拘束を受け、継続的ないし断続的に労務又は役務の提供があり、その対価として支給されるものであるかどうかが重視されなければならない」と判示され、この判旨が、その後、ある所得が給与所得に該当するかどうかの判断のメルクマールとされてきました。

とはいえ、人的役務提供の対価に係る所得区分の判断が一般的に全て難しいわけではなく、雇用契約に基づく労務の対価は、給与所得に区分されることに間違いはありません。上で紹介した最高裁昭和56年4月24日判決でも「雇傭契約又はこれに類する原因に基づき使用者の指揮命令に服して提供した労務の対価として使用者から受ける給付」が給与所得であると判示しているのであり、雇用契約に基づく労務の対価が給与所得に該当することに疑義はないのです。ですから、雇用契約に基づく労務であっても、「空間的、時間的な拘束」を受けない在宅勤務（雇用型テレワーク）や勤務時間の縛りのない裁量労働制による勤務の場合、その労務の対価は、典型的な給与所得の類型からは外れていますが、給与所得に該当します。

人的役務提供（労務）の対価のうち、雇用契約に基づかないもので、かつ、空間的、時間的な拘束を受けないもの ⇒ 事業所得又は雑所得に区分される。

一方、雇用契約によらない人的役務提供の場合はどうでしょうか？

近時、雇用と自営との中間に属する就業形態が注目されるようになってきました。税制調査会でも、この領域に属する就業（者）を「雇用的自営」とか「フリーランス」という用語を用いて議論されています（例えば、第28回 税制調査会（2015年11月13日）資料参照。）。

　「雇用的自営」者とは、「統計上、そして労働・サービス提供上の契約上は「自営」の形式（すなわち、雇用契約以外の労務供給契約）となっているが、特定の発注者との関係が強く、「雇用」の要素を少なからず有し働いている」人をいいます（「労働政策研究報告書No.12 就業形態の多様化と社会労働政策——個人業務委託とＮＰＯ就業を中心として——」（独立行政法人労働政策研究・研修機構・2004年）17頁）。

　また、「フリーランス」については、「特定の企業や団体、組織に専従しておらず、自らの技能を提供することにより社会的に独立した個人事業主もしくは個人企業法人」であるといわれています。

　これらの形態による人的役務提供は、雇用契約によらず、また、報酬の支払者による「空間的、時間的な拘束」を受けないことから、その対価は、給与所得には該当しないことになります。この所得は、その業務の実態が客観的に「事業」といい得る場合には事業所得に該当し、それ以外の場合には雑所得に該当するものと考えられます。

(3) 事業所得と雑所得との区分

　上記（2）で説明したように、人的役務提供の対価のうち、給与所得に該当しないものは事業所得又は雑所得に該当します。

　なお、一般株式等や上場株式等の売買による所得や先物取引による所得も、譲渡所得に該当する場合を除き、事業所得又は雑所得に該当します。もっとも、これらの株式等の売買や先物取引による所得については、ほとんどが租税特別措置法の規定により一律に申告分離課税（措法37の10、37の11、41の14）とされていることから、事業所得と雑所得とのいずれに該当するかを検討する実益はほとんどありません。

(注) 資産の譲渡による所得は、一般的には譲渡所得に該当するのですが、棚卸資産の譲渡など資産の譲渡（売買）が反復継続して行われる場合の所得は、事業所得又は雑所得に該当します。

> 事業所得の赤字の金額は損益通算の対象 ⇔ 雑所得の赤字の金額は損益通算の対象外
> 事業所得は、青色申告が可能 ⇔ 雑所得は不可

　ある所得が事業所得に該当するか雑所得に該当するかによっては、特に、その所得金額が赤字になった場合の取扱いが大きく異なってきます。すなわち、各種所得の金額の計算結果が赤字となった場合、他の所得の黒字の金額から差し引くこと（損益通算）ができるのは、総合課税の不動産所得、事業所得、山林所得又は雑所得の金額の計算上生じたものに限られており（所法69①）、雑所得の金額の計算の結果、赤字の金額が生じたとしても、他の所得の黒字の金額から差し引くことはできません。雑所得の赤字の金額は総所得金額の計算、引いては税額の計算には反映されないのです。

　このほか、事業所得を生ずべき事業を行っている人は、税務署長の承認を受けて青色申告をすることができます。青色申告をする場合には、所得金額を計算する際に青色申告特別控除の適用を受けることができますし、所定の届出を行うことにより、一定の範囲で青色事業専従者給与の必要経費算入が認められたり、純損失の金額が生じた場合の繰越控除等について課税上有利な取扱いを受けたりすることができます。

　以上のような事業所得と雑所得との課税上の取扱いの差異があるため、ある業務から生ずる所得が事業所得と雑所得とのいずれに該当するかを巡って争われた事例は少なくありません。

　ところで、雑所得とは、他の9種類の所得のいずれにも該当しない所得をいいますから、事業所得と雑所得との区分の判断に当たっては、まず、事業所得に該当するかどうかを検討することになります。

> 事業所得は、事業（不動産貸付業を除く。）から生じる所得である。
> 事業所得を生ずべき事業の範囲＝所得税施行令第63条第1号～第12号に規定

　そこで、事業所得ですが、事業所得とは、事業から生ずる所得のことをいい（所法27①）、事業の範囲については、所得税法施行令63条に規定されています。この規定では、第1号から第11号までに農業や建設業、卸売業、小売業など各種の事業が掲げられていますが、最後の第12号には「前各号に掲げるものほか、対価を得て継続的に行う事業」というのが出てきます。このことは、納税者の行っている業務が事業所得を生ずべき「事業」に当たるかどうかは、それが「対価を得て継続的に行う事業」といえるかどうかにより判定すべきことを示しているということができます。

（注）　不動産貸付業から生ずる所得については、不動産所得（所法26①）に該当しますので、事業所得からは除かれています。

　事業所得を生ずべき事業について、上で紹介した弁護士の顧問報酬に係る所得区分を巡る最高裁昭和56年4月24日第二小法廷判決では、「自己の計算と危険において営利を目的とし対価を得て継続的に行う経済的活動」のことであると判示されています。

　株式の売買や先物取引による所得が事業所得と雑所得とのいずれに該当するかについては、上で述べたとおり、現行の租税特別措置法37条の10や41条の14などの規定の下では検討する実益がなくなっていますが、これらの規定が設けられる以前における所得区分が争われた裁判例は少なくありません。これらの裁判例において示された考え方は、事業所得を生ずべき事業の該当性を検討する際に参考とすべきであると考えられます。

　ここでは、裁判例を逐一紹介することはしませんが、全体的にいえることは次のようなことです。

① 事業所得を生ずべき事業に該当するかどうかは、「営利性、有償性の有無、継続性・反復性の有無、自己の危険と計算における企画遂行性の有無、その取引に費やした精神的あるいは肉体的労力の程度、人的又は物的設備の有無、資金調達の方法、取引に費やした精神的又は肉体的労力の程度、その者の職業や社会的地位など」を<u>総合的に考慮し、社会通念に照らして判断すべき</u>である。

② 生活の資を得るための所得をほかに有している人が行ういわゆるハイリスク・ハイリターンと目される投機性の高い金融取引については、事業該当性を認め難いと考えられる。

③ 事業所得に係る損失が損益通算の対象とされる一方、雑所得に係る損失が損益通算の対象外とされているのは、経済活動のうち継続して安定した収益を挙げ得るものに着目し、こうした所得源泉を事業として捉え、その担税力の維持及び確保を図っているものとみるべきである。

　以上からすると、正社員としてフルタイムの勤務をしている給与所得者が行うサイドビジネスが事業所得を生ずべき事業に該当する可能性は一般的には低いといわざるを得ないと考えられます。

　これに対し、フリーランスとしての仕事を本業として行っている場合におけるフリーランスの経済活動は、営利性や継続性、自己の危険と計算における企画遂行性といった観点からも検討を要しますが、事業所得を生ずべき事業に該当する可能性は相当程度高いと思われます。

2 各種のサイドビジネス・フリーランスに係る所得の区分

　現在、進行中の「働き方改革」では、これまでの正社員という雇用形態に捉われない働き方の多様化等が追及されており、その中で、副業（サイドビジネス）が推奨されているところです。また、企業との間で一定の作業等を請け負い、空間的・時間的な拘束を受けない形で請け負った仕事をやり遂げていくというフリーランスという働き方についても注目されるようになっています。そのほか、「雇用的自営」（ 1 の（2）参照）と呼ばれる就業形態も注目されるようになってきています。

　以下では、このような働き方によって生じる所得の所得区分について、上の 1 の説明を踏まえたところで解説します。

　なお、サイドビジネスには、様々な形態があり、例えば、フルタイムの正社員として働いている人が勤務時間外の時間を活用してアルバイト等として別の勤務先との雇用契約により労務を適用することもあり得ますし、正社員としての勤務時間外にフリーランスとして働くという方法もあるでしょう。

（1）　フリーランスの所得

　　ここ10数年、わが国の多くの企業が、就業人口の減少傾向や人件費抑制の対策としてアウトソーシングの手法を採用するようになってきた結果、職種にもよりますが、フリーランスの需要は拡大してきているようです。

　　それ以前から経営コンサルタントやファイナンシャル・プランナーなど企業の経営や技術的なサポートを行うフリーランスが活躍されてきたところですが、現在では、企業の将来的な経営企画の仕事を委託するようなタイプの仕事が着実に増えてきているようです。

　　また、フリーランスの仕事には、いわゆる資格ビジネスといったものも含め、様々なタイプの業務があります。したがって、その所得区分の判定に当たっては、それぞれの業務の内容等の検討が必要です。

なお、フリーランスとしての人的役務提供の対価については、雇用契約に基づくものでなく、空間的・時間的拘束を受けた役務提供による所得でもないと考えられますので、上記 1 の（2）で説明したように、給与所得には該当せず、したがって、事業所得又は雑所得に該当するものと考えられます。

そして、事業所得と雑所得のいずれに該当するかについては、フリーランスとしての業務の実態や仕事の発注元との契約関係を仔細に検討し総合的に判断するということになるでしょう。

なお、上記 1 の（3）で言及したように、フリーランスとしての仕事を本業として行っている場合におけるフリーランスの経済活動は、営利性や継続性、自己の危険と計算における企画遂行性といった観点からも検討を加える必要がありますが、事業所得を生ずべき事業に該当する可能性は相当程度高いといえるでしょう。

(注)「雇用的自営」（ 1 の（2）参照）の場合は、独立性が低い点からみて、事業所得を生ずべき事業には該当せず、その所得は雑所得に該当すると考えられます。

ただし、副業としてフリーランスの仕事をしているような場合には、本業としての雇用契約に基づく仕事があって、いわば片手間で行うこととなると想定されます。そうだとすると、その他の諸要素を含めて総合的に判断することになるとしても、フリーランスとしての経済活動が事業所得を生ずべき事業に該当する可能性は低くなると考えられます。

◎フリーランスの所得…事業所得又は雑所得
　いずれに該当するかは、業務の実態や仕事の発注元との契約関係等を踏まえ、総合的に判断する。
　フリーランスを本業としている場合は、事業所得に該当する可能性が高い。
　　　　　　副業としている場合は、雑所得に該当する可能性が高い。

(2) オンライントレードによる所得

インターネットを利用した各種の取引は、今世紀に入り急速に普及・発展を遂げてきたところです。

特に、金融関連の分野では、インターネット・バンキングやインターネットを通じた株式等の「オンライントレードサービス」がごく普通に利用されるようになっています。オンライントレードは、自宅等に居ながらにして各種の金融商品等の取引が可能となるという利便性や手数料の安さ等を背景に、今後更なる拡大が見込まれているところですが、フルタイムの正社員として働いている人が副業的にオンライントレードを行うというケースも少なくないと思われます。また、ごく稀であろうと思いますが、本業の「ディ・トレーダー」として外国為替取引を行っている事例もあるようです。

オンライントレードによる金融商品の取引としては、上場株式等の売買や外国為替証拠金取引（FXの取引）、商品先物取引などがあると考えられますが、上記 1 の（1）で言及したように、上場株式等の売買による所得は上場株式等の譲渡所得等として申告分離課税により課税されることに、また、FXの取引や商品先物取引などによる所得は先物取引に係る雑所得等として同じく申告分離課税により課税されることになります。

(注) 上場株式等の譲渡所得等や先物取引に係る雑所得等には、それぞれ事業所得、譲渡所得又は雑所得に区分されるものがありますが、これらは、それぞれ一括して申告分離課税により課税されることになっており、これら3つの所得区分のいずれに該当するかによる課税関係には、ほとんど差がないので、3つの所得区分のいずれに該当するかを検討する実益はほとんどありません。

◎オンライントレードによる所得
　⇒ ほとんどが上場株式等の譲渡所得等か先物取引等に係る雑所得等に該当し、一律に申告分離課税の対象とされる。
　∴ 事業所得、譲渡所得又は雑所得のいずれに区分されるかを検討する実益はほとんどない。

なお、本業の「ディ・トレーダー」として外国為替取引を行っている場合の所得に係る所得区分（総合課税の事業所得か雑所得か）については、業務の実態を踏まえ総合的に判断することになりますが、リスキーで投機的な性格が強いことを考慮すると、過去の裁判例の判断に照らし、事業所得を生ずべき事業に該当する可能性はそれほど高くないといえそうです。

TOPIC1 仮想通貨の取引等による所得

ビットコインなどの仮想通貨は、実体を持たない文字どおりバーチャルなお金（インターネット上で管理されている電子データ）です。仮想通貨については、「資金決済に関する法律」第2条第5号において支払の手段（不特定の者に対して代金等の支払等に使用でき、かつ、法定通貨と相互に交換できる法定通貨（法定通貨建ての資産を含む。）以外の財産的価値であって、電子的に記録され、移転できるもの）として位置付けられており、消費税法上も、「支払手段に類するもの」（消令9④）とされ、その譲渡は消費税の非課税取引となっています。

i 仮想通貨を支払に使用することに伴う所得

一般的に、仮想通貨を資産の購入の対価やサービスの対価の支払のために仮想通貨を使用した場合、その支払額と支払のために使用した仮想通貨の購入に要した金額との差額は総合課税の雑所得に区分されることになります。

ただし、事業用の資産を購入したり、事業上の経費の支出の対価の支払のために仮想通貨を使用したりした場合におけるその支払額と支払のために使用した仮想通貨の購入額との差額は、事業所得に係る雑収入又は雑損失として事業所得の金額の計算に反映させることになります。

ii 仮想通貨の売買による所得

仮想通貨は、支払手段たる「通貨」としてというより、投資対象としての面がより注目されるようになっています。ただし、仮想通貨は、通貨に準ずる支払の手段として位置付けられるものですから、譲渡所得の基因となる資産には該当しないと解されています。したがって、仮想通貨の売買を通じて得られる所得は、その売買行為が事業所得を生ずべき事業と見ることができる場合を除き、総合課税の雑所得に区分される

ことになります。

　なお、仮想通貨の売買行為が事業所得を生ずべき事業に該当するかどうかの判断基準は、上記 1 の（3）で紹介した考え方によることになります。したがって、売買されている額が多額に上っているというだけでは事業所得を生ずべき事業に該当するとはいえませんし、その売買行為が投機性の高い行為であると認められる場合には、事業所得を生ずべき事業に該当しないと考えられます。

iii　ビットコインのマイニングによる所得
　仮想通貨は、通常は、インターネット上の取引所で購入する方法により入手するのですが、これ以外に、ビットコインの原始的な取得方法として、マイニング（採掘）があります。このマイニングによる仮想通貨の獲得は所得に該当します。

　マイニングを成功させるためには、コンピュータを活用し、相当の手間暇をかける必要があるようですので、マイニングによる所得も事業所得又は雑所得に区分されるものと考えられます。そして、上記 1 の（3）で紹介した判断基準に従い、マイニングの作業が客観的に事業所得を生ずべき事業に該当するかどうかを判定し、所得区分を判断することになると考えられます。

（3）　アフィリエイトによる所得

　アフィリエイトとは、自らの運営するサイト（ブログ）で広告主の商品やサービスを紹介するバナー等を掲載する方法による広告のことで、サイト訪問者がこのバナー等をクリックすると広告主のサイトへ移動し、そこから広告主の商品を購入したり、購入の申込みをしたりするなどの成果があがった場合に、広告主による成果の承認を経て報酬（広告収入）を受け取ることができる仕組みになっています。

　この報酬は、広告という役務提供の対価ということができますから、事業所得又は雑所得に該当することになります。

　アフィリエイトについては、副業として行う例や主婦が内職として行う例が多いようですが、このような場合には、アフィリエイト報酬

は、雑所得に区分されるものと考えられます。

```
◎アフィリエイトによる報酬
　⇒ 事業所得又は雑所得に該当
　※副業や内職として行うような場合は雑所得に該当すると考えられる。
```

（4） ネットオークションやフリマアプリによる所得

　ネットオークションとは、インターネット上で行われるオークションのことです。オークションに参加する人が出品されている商品の中で気に入ったものを自分の指定した金額で入札します。この入札で最も高い価格を付けた人が落札者（買い手）となる仕組みです。

　また、フリマアプリとは、フリーマーケットのような個人間での取引を、ネット上で行うことのできるアプリのことです。

　ところで、生活の用に供する家具、じゅう器、衣服等の動産で一定のものの譲渡に係る所得は、非課税とされています（所法9①九）。この一定のものとは、生活に通常必要な動産のうち、貴石、半貴石、貴金属及び真珠のほか、これらの製品、べっこう製品、さんご製品、こはく製品、ぞうげ製品及び七宝製品並びに書画、こっとう及び美術工芸品で一個又は一組の価額が30万円を超えるもの以外のもの（所令25）をいいます。

　ネットオークションやフリマアプリを通じて売買される商品については、その譲渡による所得が非課税とされる「生活に通常必要な動産」が多いと考えます。ただし、その商品が例えば、貴金属製品で価格が30万円を超えているような場合には課税されることになります。この場合でも、その商品の販売行為が単発的なものであれば、これによる所得は、総合課税の譲渡所得に該当しますので、譲渡益が50万円（総合課税の譲渡所得の金額の計算上差し引かれる特別控除額）を超えなければ所得金額が生じません。

> ネットオークションやフリマアプリを通じて
> 　生活に通常必要な動産を販売した場合の所得は非課税
> ※貴金属（製品）や書画・骨董などで30万円超のものは除かれる。
> 　商品の購入・販売を反復・継続的に行っている場合の所得は事業所得又は雑所得

　上で説明したとおり、ネットオークションやフリマアプリに出品される商品は、売り手にとっての生活用動産である場合が少なくないところであり、そうだとすると、一般的には、その販売による利益は非課税とされます。また、非課税とされない場合であっても、そのような商品の販売が単発的であれば、販売による利益が総合課税の譲渡所得の特別控除額の上限である50万円に達しない限り課税される譲渡所得の金額は生じません。

　ただし、ネットオークションやフリマアプリを通じて継続的に物品の販売を行っているような場合、その所得は事業所得又は雑所得に該当することになります。この場合は、総合課税の譲渡所得のような特別控除額はありません。

　また、例えば、自ら着用する衣服を購入後ごく短期間のみ着用し、それをネットオークションやフリマアプリを通じて売り払い、次に着用する衣服の購入の対価に充てるような行為を繰り返し、しかも販売益が生じるといった場合は、販売する衣服がもはや生活に通常必要な動産とはいえず、このような行為を繰り返し行っている場合の所得は、事業所得又は雑所得に該当するものと考えられます。

　なお、ネットオークションやフリマアプリを通じた継続的な物品の販売による所得が事業所得と雑所得のいずれに該当するかについては、その販売行為が事業所得を生ずべき事業といい得るかどうかによりますが、事業に該当するようなケースはあまりないと考えられます（1の（3）を参照）。

（5） 不動産投資（賃貸ビジネス）による所得

　　バブル経済期においては、サラリーマンがワンルームマンションをローンで購入し、これを賃貸するのがブームになっていました。これにより計算される不動産所得の金額は、ローンの利子や減価償却費により赤字になり、この赤字の金額を給与所得の金額から差し引くこと（損益通算）により源泉徴収税額の還付を受けることができたからです。しかし、このブームは、バブル経済崩壊に伴い地価の下落したことと、平成4年度の税制改正で「不動産所得の損益通算の特例」が設けられたことの相乗作用で急速に去ってしまいました。

　　近年は、首都圏を中心とする地価の上昇を背景に、副業として不動産投資（賃貸ビジネス）を行う事例も増えてきているように思われます。

　　不動産の貸付けによる所得は、不動産所得に区分されますので、マンション等を賃貸している場合の賃貸料に係る所得は不動産所得です。ただし、不動産所得については、不動産の貸付けを事業として行っているかどうかで、所得税法上取扱いが異なる点がいくつかあります。この点については、**第2章**で説明します。

不動産の賃貸による所得は不動産所得に該当。
※ただし、民泊による所得は、原則として、雑所得に該当する。

TOPIC2　民泊による所得

　政府の観光政策で外国人の訪日者数の増加が顕著です。この傾向は、2020年の東京オリンピック・パラリンピックへ向け加速している状況にありますが、宿泊施設の不足が問題となっています。その対策の一つとしていわゆる民泊が注目されるようになり、このため、住宅宿泊事業法が平成30年6月から施行されています。

　この住宅宿泊事業法によれば、一定の制限の下で、自己の居住する家屋を利用して宿泊事業（民泊）を行うことが可能となりました。

　民泊による所得は、自らが居住している家屋など所有する不動産を利用することによる所得ではありますが、利用者から受ける対価には、部屋の使用料だけではなく、寝具等の使用料、水道光熱費、室内清掃費、観光案内等の対価などが含まれることなどから、不動産所得には該当せず、一般的には、雑所得に該当すると考えられます。これは、住宅宿泊事業法で、宿泊日数が年間180日以内に限定されるなどの制約があることから、事業所得を生ずべき事業に該当するケースが限定的であると考えられることによります。

(6)　雇用契約（アルバイト・ダブルワーク）による所得

　サイドビジネスには、様々な形態があり、正社員として働いている人がその勤務時間外の時間や休日を活用してアルバイト等として別の勤務先との雇用契約により労務を提供することもあります。

　このような場合は、副業（サイドビジネス）がアルバイト等であり、給与の受給先が複数のダブルワークということになりますが、そうすると、**第1編の第2章**で説明したように、正社員としての給与については、月額表等の甲欄により源泉徴収を受け、年間の給与総額が2,000万円を超えない場合は年末調整を受けることになる一方で、アルバイト等による給与については従たる給与として、月額表等の乙欄により源泉徴収を受けることになります。

　ダブルワークの場合、給与所得の金額は、年間の全ての給与総額に基づいて給与所得控除を適用し、あるいは、特定支出控除を適用して

計算することになります。

> **副業（サイドビジネス）がアルバイトなどのため、本業とは別に給与の支払を受ける場合**
> 本業と副業の両方の給与を合算した年間の給与総額に基づいて給与所得の金額を計算。

TOPIC3　馬券の払戻金の所得区分（ギャンブルから生じる所得）について

　ギャンブルとは賭け事であり、遊興というべきものです。すなわち、ギャンブルのための支出は、遊興費（＝家事上の費用）という性格のものであり、基本的には、所得金額の計算の埒外にあるというべきものといえましょう。競馬の馬券購入費用は、本質的にはこのようなギャンブルのための支出ですから、所得金額の計算とは関係のないものというべきであると考えられてきました。

　無論、賭け事ですから、当たることがあり（そうでなければ誰も賭け事に参加することはないわけです。）、運が良ければ多額の払戻金を手にすることができるわけです。この払戻金に係る所得については、非課税とされているわけではないので、課税されることになりますが、この払戻金は、利子所得、配当所得、不動産所得、事業所得、給与所得、退職所得、山林所得及び譲渡所得の8種類の所得のいずれにも該当しないものであって、営利を目的とする継続的行為から生じた所得以外の一時的な所得で、労務その他の役務又は資産の譲渡の対価としての性格を有しないもの（所法34①）として一時所得に該当すると考えられてきました。所得税基本通達34-1(2)は、このことを明らかにしたものです。なお、馬券の購入費用は、上で述べたとおり、遊興費（＝家事費）ではありますが、払戻金に対するいわゆる当たり馬券の購入費用は、その払戻金を得るために支出した金額でその払戻金を生じた行為（＝馬券の購入）をするため直接要した金額（所法34②参照）として、一時所得の金額の計算上差し引かれることになります。

　これが馬券払戻金に関する所得の基本的な考え方です。これは、馬券の購入を繰り返し行うような場合にも当てはまる考え方なのです。

　ところが、インターネットを介し多額の馬券を繰り返し購入することができるようになったことに伴って、従来見られなかった手法による馬券の購入を通じ極めて多額の払戻金を得ている人が現れ始めました。このような現象は、一時所得に該当するかどうかの判断基準の一つである「営利を目的とする継続的行為から生じた所得以外の一時的な所得」かどうかの判断

に影響を及ぼす事例を発生させることになったのです。

　刑事事件の判決ですが、最高裁判所第三小法廷平成27年3月10日判決は、「営利を目的とする継続的行為」から生じた所得であるか否かは、「文理に照らし，行為の期間，回数，頻度その他の態様，利益発生の規模，期間その他の状況等 の事情を総合考慮して判断するのが相当」であるとする判断基準を示した上で、「馬券を自動的に購入するソフトを使用して独自の条件設定等に基づいてインターネットを介して長期間にわたり多数回かつ頻繁に網羅的な購入をして、当たり馬券の払戻金を得ることにより多額の利益を恒常的に上げるなどしていた本件事実関係の下では，払戻金は所得税法上の一時所得ではなく雑所得に当たる」とした大阪高等裁判所の判断を支持し、検察側の上告を退けました。

　これを受け、国税庁は、所得税基本通達34－1の（2）に、上記判決における判断の内容を織り込んだ（注）を加える改正を行いました。すなわち、馬券の払戻金に係る所得は、原則として、一時所得に該当するという基本的な考え方は維持しつつも、例外的に、「馬券を自動的に購入するソフトウエアを使用して独自の条件設定と計算式に 基づいてインターネットを介して長期間にわたり多数回かつ頻繁に個々の馬券 の的中に着目しない網羅的な購入をして当たり馬券の払戻金を得ることにより 多額の利益を恒常的に上げ、一連の馬券の購入が一体の経済活動の実態を有することが客観的に明らかである場合」は雑所得に該当することを（注）で明らかにしたのです。

　しかし、その後、所得税の更正処分等の取消しを求めて争われた最高裁判所第二小法廷平成29年12月15日判決で示された判断からすると、この通達の改正は不十分であるということになりました。この事例では、納税者が「予想の確度の高低と予想が的中した際の配当率の大小の組合せにより定めた購入パターンに従って馬券を購入することとし、偶然性の影響を減殺するために，年間を通じてほぼ全てのレースで馬券を購入 することを目標として、年間を通じての収支で利益が得られるように工夫しながら、6年間にわたり、1節当たり数百万円から数千万円、1年当たり合計3億円から21億円程度となる多数の馬券を購入し続けた」という上の通達の（注）で示されたのとは異なる事実関係の下でも、この納税者の馬券の購入行為が最高裁判所第三小法廷平成27年3月10日判決の「営利を目的とする継続的行為」から生じた所得であるか否かの判断基準に合致し、その

所得は一時所得ではなく雑所得に該当するとする判断が示されました。
　そこで、国税庁は、再度、所得税基本通達34－1（2）について改正を行いました。
　具体的には、34－1（2）の（注）の内容を次のように書き換えました。
　「馬券を自動的に購入するソフトウエアを使用して定めた独自の条件設定と計算式に基づき、又は予想の確度の高低と予想が的中した際の配当率の大小の組合せにより定めた購入パターンに従って、偶然性の影響を減殺するために、年間を通じてほぼ全てのレースで馬券を購入するなど、年間を通じての収支で利益が得られるように工夫しながら多数の馬券を購入し続けることにより、年間を通じての収支で多額の利益を上げ、これらの事実により、回収率が馬券の当該購入行為の期間総体として100％を超えるように馬券を購入し続けてきたことが客観的に明らかな場合の競馬の馬券の払戻金に係る所得は、営利を目的とする継続的行為から生じた所得として雑所得に該当する。」
　この改正も、馬券の払戻金に係る所得が、あくまでも、原則として、一時所得に該当するという考え方を堅持するものでしたが、この点に関し、パブリックコメントを通じ多くの批判がありました。
　ただ、上で紹介した2つの最高裁判例は、馬券の払戻金に係る所得が一律に一時所得に該当するわけではないという結論が示されたものの、馬券の払戻金に係る所得が一時所得に該当するとする所得税基本通達34－1（2）の一般論としての考え方を否定したわけではないのです。むしろ、上の改正後の通達の（注）で示されているような極めて特異な事例だけが一時所得ではなく雑所得に該当するという判断を示しているわけです。
　現に、東京高等裁判所平成28年9月29日判決（最高裁判所第二小法廷平成29年12月20日判決で納税者の上告棄却）では、次のような判断が示され、納税者の雑所得に該当するとする主張が退けられています。
　「馬券購入行為が長期間、継続的かつ多数回にわたるものであったとしても、経済活動としての実態がない馬券購入行為が連続して多数回行われたにすぎない場合も考えられるから、馬券購入行為の期間、回数、頻度に加え、購入馬券の選定方法等の事情も考慮しなければ、一連の馬券購入行為が営利を目的とする継続的行為であるか否かを適切に判断することはできないというべきである。そして、一審原告による一連の馬券購入行為が一体の経済活動の実態を有するものといえないことは、次（原判決説示）

のとおりである。」

　（原判決（第一審判決）の説示）「原告の収支は、年単位でいずれも多額の損失が生じているのであって、また、その主張のとおり、少なくとも3年間のほぼ全ての土日において馬券を購入し、払戻しを受け、購入金額や払戻金額はいずれも合計で1億円を超える年もあるなど多額であり、年単位で購入回数が1,500回から2,000回、払戻金獲得回数が100回から200回であったとして、それを考慮に入れたとしても、一般的な馬券購入行為が連続して多数回行われたというものにすぎないのであって、原告の馬券購入行為が一般的な馬券購入行為と質的に異なるものであるということはできない。」

　馬券の払戻金のようなギャンブルから生じる所得については、今後、IRの施設内で行われるギャンブルの合法化により、その所得区分を巡る争いが生じてくることも想定されます。

　今回の馬券の払戻金に係る所得の取扱いに関する所得税基本通達34－1の改正内容が不十分であるといわれる可能性は否定できないとは思いますが、基本的にギャンブルが<u>営利を目的とする継続的行為</u>」に該当するとはいい難く、ギャンブルから生じる所得は、一般的には一時所得に該当するというべきでしょう。

　この点に関連して、ハイリスク・ハイリターンといわれる金融商品等への投資行為とギャンブルとの間にはほとんど差がないのであるから、ギャンブルから生じる所得も一般的な投資による所得と同様に雑所得（場合によっては事業所得）に該当するといえるのではないかという見解もあり得ますが、ギャンブル（賭け事）と投資行為とは本質的に異なるというべきであり、当たらないというべきでしょう。

第2章 サイドビジネス・フリーランスと所得税

　第1章でみたように、サイドビジネスやフリーランスには様々な形態があり、それに応じて所得区分も変わってきます。この章では、サイドビジネスやフリーランスによる所得の所得区分を踏まえたところで、サイドビジネスやフリーランスによる所得がある場合の確定申告や所得に関する留意点を説明します。

1 サイドビジネスやフリーランスによる所得と確定申告

(1) 確定申告の要否の判定等

　サイドビジネスやフリーランスによる所得がある人の場合、本業の正社員としての給与について年末調整を受けている場合も、一般的には、所得税及び復興特別所得税の確定申告が必要になります。この場合の確定申告の要否の判定については、**第１編第３章の 1 給与所得者が確定申告を要しない場合（確定申告不要制度）**の「給与所得者の確定申告フローチャート」を参照してください。

　なお、フリーランスとしての仕事を本業として行っている場合、**序章の 5 申告納税制度と所得税の申告義務**で説明しているように、総所得金額等が所得控除の合計額を上回っているかどうかにより、確定申告の要否を判定します。

(注)　ただし、配当控除の適用がある場合は、課税総所得金額に対する所得税額が配当控除額を上回っているかどうかにより、確定申告義務の要否を判定することになります。

　例えば、アルバイト等による給与の受給額（給与所得及び退職所得以外の所得金額がある場合には、その金額を加算した金額）が20万円以下であれば、所得税及び復興特別所得税の確定申告は要しないことになりますが、確定申告をしないと年間の所得税の額と甲欄と乙欄の両方の給与に対する源泉徴収税額の合計額との精算をすることができません。このような場合、確定申告をした方が源泉徴収税額の還付を受けることができ、むしろ有利であることもあり得ます。このような場合、確定申告書を一応作成してみるなどして、確定申告をするかどうかいずれか有利な方を選択すべきでしょう。

　また、年末調整の対象とならない雑損控除や医療費控除、寄附金控除、（特定増改築等）住宅借入金等特別控除等の適用を受ける場合には確定申告が必要となります。

(注)　給与所得者が医療費控除や住宅借入金等特別控除の適用を受けるための確定申告をする場合、20万円以下の乙欄給与や給与所得及び退職所得以外の

所得金額があるときは、これらの金額も併せて申告する必要があります。

> 給与所得者がサイドビジネスによる所得を有する場合
>   乙欄の給与の額 ＋ 給与所得及び退職所得の以外の所得金額 ＜ 20万円
>   ⇒ 所得税及び復興特別所得税の確定申告を要しない。
>   （ただし、確定申告をした方が有利な場合がある。）
>   ★<u>上に該当する人でも、給与所得・退職所得・公的年金等の雑所得以外のある場合は個人住民税の申告が必要！</u>

> フリーランスの仕事を本業としている場合
>   総所得金額等 ＞ 所得控除の合計額 ⇒ 一般的には確定申告義務あり

(2) 事業所得と雑所得の区分に関する注意点

　第1章の **2** 各種のサイドビジネス・フリーランスに係る所得の区分の（1）のフリーランスの所得、（2）で紹介したデイ・トレーダーや仮想通貨の取引等による所得、（3）のアフィリエイト報酬に係る所得、（4）で紹介したネットオークションやフリマアプリを通じて商品を継続的に売買することによる所得、（5）で紹介したいわゆる民泊による所得など、総合課税の事業所得か雑所得のいずれかに区分される所得は多岐にわたるところです。

　これらの所得が事業所得と雑所得とのいずれか区分されるかによる課税上の相違点のうち、最も関心を持たれるのは、**第1章の 1 の（3）事業所得と雑所得との区分**で説明した損失の金額（赤字の金額）の取扱いであろうと思われます。繰返しになりますが、雑所得の赤字の金額は損益通算（所法69）の対象とされておらず、したがって、他の所得の黒字の金額から差し引くことができません。

> 青色申告の対象…不動産所得・事業所得・山林所得
>   ★雑所得は青色申告の対象外

　このほか、事業所得は青色申告の対象となりますが、雑所得は対象とならないという違いがあります。すなわち、事業所得を生ずべき事業を行っている人は、原則として、税務署に青色申告をしようとする

年の3月15日までに青色申告承認の申請を行い、税務署長の承認を受けることにより青色申告をすることができることになっています。
(注) 青色申告承認申請については、通常、その申請をした年の年末までに承認か却下という処分が行われません。ただし、この場合は、その12月31日をもって承認があったものとみなされることになっています（みなし承認）。

青色申告については、様々な特典が設けられていますが、主なものとしては、ⅰ青色申告特別控除やⅱ青色事業専従者給与の特例、ⅲ純損失の繰越控除・繰戻し還付が挙げられます。

ⅰ 青色申告特別控除（措法25の2）

青色申告書を提出する場合、不動産所得、事業所得又は山林所得の金額の計算上、最高10万円の青色申告特別控除の適用を受けることができます（措法25の2①）。

ただし、不動産所得又は事業所得を生ずべき事業を営んでいる青色申告者で、これらの所得に係る取引を正規の簿記の原則、（一般的には複式簿記）により記帳し、その記帳に基づいて作成した貸借対照表及び損益計算書を確定申告書に添付して法定申告期限内に提出している場合には、最高65万円の青色申告特別控除を受けることができます（措法25の2③）。

(注) 最高65万円の青色申告特別控除については、平成30年度の税制改正で、平成32年（2020年）以後の年分は最高55万円となります。なお、最高55万円の青色申告特別控除の適用が受けられる人のうち、確定申告書や青色申告決算書をｅ－Ｔａｘにより提出するなど一定の要件に該当する人については最高65万円の青色申告特別控除を受けることができることになっています。

ⅱ 青色事業専従者給与（所法57①）

個人事業者と生計を一にする親族がその個人事業者の事業に従事することなどにより、その個人事業者とその親族との間で対価の授受が行われたとしても、その対価の額は、その個人事業者の事業に係る事業所得や不動産所得の金額の計算上必要経費に算入できず、その対価を受け取った人の各種所得の収入金額にもならないこととされています（所法56）。

しかし、青色申告をしている個人事業者の場合は、その個人事業者と生計を一にする親族で、その事業に専ら従事する人について、あらかじめ青色事業専従者給与の届出書を税務署に提出し、その届出書に記載した範囲内で実際に支払われた給与の額については、一定の要件を満たしていれば、その個人事業者の事業に係る事業所得や不動産所得の金額の計算上必要経費に算入できることされる一方、その支払を受けた親族の給与所得の収入金額とされることになっています。これを青色事業専従者給与といいます（所法57①）。

(注)　青色申告書以外のいわゆる白色申告書を提出する個人事業者と生計を一にする親族でその個人事業者の事業に専ら従事する人がいる場合には，給与の支払の有無にかかわらず、その事業に係る事業所得等の金額の計算上、定額（配偶者86万円、その他の親族50万円）の「事業専従者控除額」を差し引くことができることになっています（所法57③）。

ⅲ　純損失の繰越控除・繰戻し還付請求（所法70、140）

　「純損失の金額」とは、不動産所得や事業所得、山林所得、総合課税の譲渡所得の赤字の金額で、所得税法第69条の規定による損益通算によって他の所得の黒字の金額から引ききれなかった金額をいいます（所法2①二十五）。

　青色申告書を提出する年分で生じた純損失の金額は、翌年以後3年間の各年分に順次繰り越してこれらの年分の総所得金額や退職所得金額、山林所得金額から差し引くことができます（所法70①）。これを「純損失の繰越控除」といいます。

(注)　いわゆる白色申告書を提出する年分の純損失の金額については、被災事業用資産の損失の金額（災害により棚卸資産や事業用固定資産について生じた損失の金額）や変動所得の損失の金額に相当する部分の金額に限って、繰越控除ができます（所法70②）。

　また、青色申告書を提出する年分で生じた純損失の金額については、その純損失の金額が生じた年の前年分も青色申告書を提出している場合に限り、「純損失の繰戻し還付請求」の対象とすることができます。具体的には、選択により、前年分の税額とその年分の純

損失の金額の全部又は一部を繰り戻して前年分の総所得金額や退職所得金額、山林所得金額から差し引いて計算し直した税額との差額の還付を求めること（純損失の繰戻し還付請求）ができます（所法140）。なお、純損失の金額のうち、繰戻し還付請求の対象とした金額については、繰越控除の対象とすることはできません（所法70①）。

＜参考１＞ 青色申告制度と記帳記録保存制度（青色申告決算書と収支内訳書）

1 青色申告制度

青色申告の対象となるのは、**不動産所得**、**事業所得**又は**山林所得**に限られています。

青色申告をする場合には、これらの所得を生ずべき業務に関する取引について、帳簿を備え付け、記帳をしなければならないことになっています。記帳の方法は、年末に貸借対照表と損益計算書を作成することができるような正規の簿記によることが原則ですが、現金出納帳、売掛帳、買掛帳、経費帳、固定資産台帳のような帳簿のみによる簡易な記帳も認められています。

これらの帳簿や取引に伴い作成したり受け取ったりした書類などは、原則として7年間保存することとされています（一部の書類は保存期間が5年間とされています。）。

2 青色申告決算書

青色申告者は、確定申告書に青色申告決算書を添付して提出しなければなりません。青色申告決算書は、貸借対照表と損益計算書から成っていますが、65万円の青色申告特別控除の適用を受ける場合を除き、貸借対照表の作成・提出をしなくても差し支えないことになっています。

青色申告決算書には、一般用や農業所得用、不動産所得用、現金主義用があります（巻末参考資料7参照）。

3 記帳・記録保存制度

不動産所得や事業所得、山林所得を生ずべき業務を行う人のうち、青色申告者以外のいわゆる白色申告者についても、収入金額、仕入れや経費に関する事項について、帳簿を備え付けて一定の記帳をするとともに、

取引に伴って作成したり受け取ったりした請求書・領収書などの書類を保存することが義務付けられています。これを「記帳・記録保存制度」といいます。

4 収支内訳書

不動産所得や事業所得、山林所得を生ずべき業務を行う白色申告者は、これらの所得の金額の基礎となった総収入金額や必要経費の内訳を記載した収支内訳書を確定申告書に添付して提出しなければなりません。

収支内訳書には、一般用や農業所得用、不動産所得用があります（巻末参考資料8参照）。

事業所得については、確定申告書に青色申告決算書や収支内訳書の添付が必要。
★事業所得者は、白色申告の場合も含め、帳簿の備付け、記帳や帳簿書類の保存が義務付けられている。

雑所得については、確定申告書に収支の明細を添付することは要しませんし、記帳や記録保存の義務付けもありません。

ただし、確定申告後に税務署から確定申告書に記載した雑所得の金額の計算の根拠を示すよう求められることがあり得ますので、総収入金額や必要経費の内訳をメモしておくほか、関係する請求書や領収書等の書類を整理保存しておくことが望ましいでしょう。

＜参考2＞ 家内労働者等の必要経費の特例（措法27）

1 家内労働者等の範囲

「家内労働者等」とは、家内労働法に規定する家内労働者や、外交員、集金人、電力量計の検針人のほか、特定の人に対して継続的に人的役務の提供を行うことを業務とする人をいいます。したがって、第1章の■1■各種所得の区分等の（2）給与所得と事業所得・雑所得との区分で紹介した「雇用的自営」に該当する人の多くは、家内労働者等に該当すると考えられます。また、フリーランスでも、家内労働者等に該当する人が少なくないと考えられます。

2 家内労働者等の所得

家内労働者等の所得は、事業所得又は雑所得に区分されます。

したがって、家内労働者等の所得の金額は、総収入金額から必要経費の額を差し引いて計算するのが原則です。

3　家内労働者等の必要経費の特例

　　　家内労働者等に係る事業所得又は雑所得の金額の計算においては、実際の必要経費の額が65万円未満のときであっても、所得金額の計算上、事業所得や公的年金等以外の雑所得の総収入金額を限度として65万円を必要経費として差し引くことが認められます。

　　　これは、家内労働者等に該当する人については、給与所得控除額の最低額である65万円と事業所得や公的年金等以外の雑所得の総収入金額とのいずれか少ない方の金額を必要経費の最低限として認める趣旨であり、これによって、家内労働者等の総収入金額が103万円以下の場合、いわゆるパート労働者など給与所得者と同様に、他に所得がなければ、合計所得金額38万円以下という同一生計配偶者や扶養親族に係る所得要件を満たすことになります。

4　家内労働者等の所得以外に給与がある場合の取扱い

　　　家内労働者等に該当する人であっても、給与の収入金額が65万円以上の場合は、家内労働者等の必要経費の特例を受けることはできません。

　　　また、家内労働者等に該当する人の給与の収入金額が65万円未満の場合は、65万円からその給与の収入金額を差し引いた残額と、事業所得や雑所得の実際の必要経費の額とを比較し、高い方の金額を事業所得又は公的年金等以外の雑所得の必要経費とすることになります。

　　　この場合、「家内労働者等の事業所得等の所得計算の特例の適用を受ける場合の必要経費の額の計算書」（巻末参考資料9）に使用することにより、所得金額の計算が容易にできるようになっています。

（注）　平成30年度（2018年度）の税制改正で、給与所得控除額が一律10万円引き下げられ、平成32年（2020年）から適用されることになったことに併せて、家内労働者の所得計算の特例による必要経費の最低保証額も、現行の65万円から55万円に引き下げられ、平成32年（2020年）から適用されます。

（3） 不動産所得に関する注意点

第1章の 2 各種のサイドビジネス・フリーランスに係る所得の区分の（5）の不動産投資（賃貸ビジネス）による所得で説明したとおり、サイドビジネスとして不動産の賃貸をしている場合の不動産の賃貸に係る所得は、不動産所得に区分されます。

不動産所得は、事業所得や公的年金等以外の雑所得と同様に、総収入金額から必要経費の額を差し引いて所得金額を計算しますし、事業所得と同様に青色申告の対象となります。また、不動産所得を有する人のうち、青色申告者以外のいわゆる白色申告者にも記帳記録保存義務があり、確定申告書に収支内訳書を添付して提出する必要があるという点においても、事業所得と同様です。これらの点に関しては、（2）の＜参考＞青色申告制度と記帳記録保存制度（青色申告決算書と収支内訳書）を参照してください。

不動産所得についても、確定申告書に青色申告決算書や収支内訳書の添付が必要。
★帳簿の備付け、記帳や帳簿書類の保存が義務付けられている。

このほか、不動産所得に固有の主な注意点としては、ⅰ不動産の貸付けが事業として行われているかどうかによる課税上の取扱いの差異やⅱ不動産所得の損益通算の特例が挙げられます。

ⅰ 不動産の貸付けが事業として行われているかどうかによる課税上の取扱いの差異

不動産（一定の船舶や航空機を含みます。）の貸付けによる所得は、不動産の貸付けが事業として行われているかどうかを問わず、不動産所得に該当します（所法26①）。

ただし、不動産の貸付けが事業として行われているかどうかにより、次のように課税上の取扱いが異なるので、注意が必要です。

不動産の貸付けが事業として行われているかどうかによる差異

項　目 （具体的内容）	不動産貸付けが	
	事業の場合	事業でない場合
資産損失 賃貸用固定資産の取壊し、除却などによる資産損失	その損失の金額の全額を必要経費に算入 （制限なし）	その損失の金額を必要経費に算入 （資産損失を差し引く前の不動産所得の金額を限度）
貸倒損失 未収家賃（地代）等の回収不能による損失など	回収不能となった年分の必要経費に算入	収入に計上した年分までさかのぼり、回収不能額に対応する所得がなかったものとして、所得金額の計算をやり直し
青色申告申告特別控除 最高65万円の青色申告特別控除	正規の簿記の原則による記帳を行い、確定申告書に事業に係る貸借対照表を添付するなどの要件を満たすことにより適用可	適用不可（10万円の青色申告特別控除のみ適用可） （事業所得を生ずべき事業を行っている場合を除く。）

<建物の貸付けが事業として行われているかどうかの判定>

　不動産の貸付けが事業として行われているかどうかにより、上の表に示したように課税上の取扱いに違いがありますので、「不動産の貸付けが事業として行われている」場合とはどのような場合をいうのかが問題となります。

　これに関し、建物の貸付けの場合については、次のように取り扱うこととされています（所基通26－9）。

すなわち、

> ① 建物の貸付けが不動産所得を生ずべき事業として行われているかどうかは、社会通念上事業と称するに至る程度の規模で建物の貸付けを行っているかどうかにより判定すべきである（原則）。
> ② ただし、次に掲げる事実のいずれか一に該当する場合又は賃貸料の収入の状況、貸付資産の管理の状況等からみてこれらの場合に準ずる事情があると認められる場合には、特に反証がない限り、事業として行われているものとする。
>   (1) 貸間、アパート等については、貸与することができる独立した室数がおおむね 10 以上であること
>   (2) 独立家屋の貸付けについては、おおむね 5 棟以上であること

とされています。

この通達のポイントの第一は、建物の貸付けが不動産所得を生ずべき事業に該当するかどうかは、その貸付けの規模により判定するということです。

　（注）　この判断基準は、**第1章の 1 の（3）事業所得と雑所得との区分**で説明した事業所得を生ずべき事業に該当するかどうかの判断基準とは異なります。特に、投資から生じる所得が事業所得を生ずべき事業に該当するかどうかの判断において、単に投資額が多額に上ることのみで事業に該当するとはいえないことに注意が必要です。

また、ポイントの第二は、上の②で示す形式基準により判定することができることとされていることです。これは、「5棟10室基準」と称されているものですが、これについては、賃貸料の収入の状況、貸付資産の管理の状況等からみてこれらの場合（5棟10室以上）に準ずる事情があると認められる場合も基準を満たすものとして取り扱われることです。また、「5棟」とか「10室」というのも「おおむね」であって、絶対的な数値として示されているわけではないことも見落とされがちです。つまり、「5棟10室基準」は、形式基準ではありますが、「5棟」とか「10室」というのは、おおむねの目安を示すものであって、厳格な数値基準ではないということです。

とはいえ、サイドビジネスとして行われる不動産の賃貸の大多数は、事業とはいえないレベルのものであり、上の表の「事業でない場合」の取扱いが適用されることになると考えられます。

ii **不動産所得の損益通算の特例**（措法 41 の 4）

不動産を借入金で購入し、貸し付けた場合の不動産所得の金額を計算する場合、その借入金の利子の額は必要経費に算入されます。

ただし、**第 1 章の 2 の（5）不動産投資（賃貸ビジネス）による所得**で説明したように、不動産所得の赤字の金額がある場合で、必要経費に算入した「土地の借入金利子の額」があるときは、その赤字の金額のうち、「土地の借入金利子の額」に相当する部分については、損益通算の対象とならないことになっています（措法 41 の 4 ①）。

(注)「土地の借入金利子の額」とは、賃貸不動産のうち土地を借入金で購入した場合における支払利子の額のことをいいます。
　　ただし、土地付きの建物を借入金で購入した場合、その借入金は、まず建物の購入対価に充てられた上で、残余の額が土地の購入の対価に充てられたものとして、支払利子の額のうち、土地の購入の対価に充てられた部分の金額に対応する金額が「土地の借入金利子の額」とされます（措令 26 の 6 ②）。

不動産所得の損益通算の特例

（ケース1）

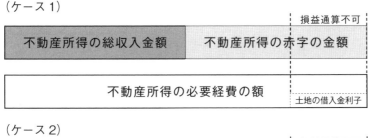

（ケース2）

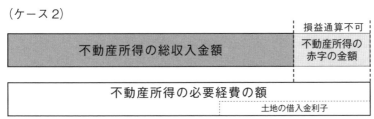

※ 土地付きの建物を借入金で購入した場合の取扱い

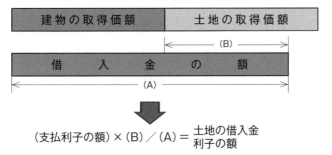

（支払利子の額）×（B）／（A）＝ 土地の借入金利子の額

＜参考＞ 任意組合やパートナーシップを通じた不動産投資（措法41の4の2）

民法667条に規定する組合契約に基づいて組成される組合を任意組合といいます。

任意組合の行う事業から生じる所得は、組合契約に基づく分配割合（出資等の割合）に応じ、組合員（構成員）に帰属するものと解されています。この点は、有限責任事業組合契約に関する法律に基づく有限責任事業組合

契約により設立された有限責任事業組合や投資事業有限責任組合契約に関する法律に基づく投資事業有限責任組合契約により設立された投資事業有限責任組合についても、さらには、外国におけるこれらに類するもの(パートナーシップなど)も同様です(所基通36・37共－19)。

このように事業体の所得(収入金額及び必要経費の額)が構成員に直接帰属する課税関係を**パス・スルー課税**といいます。

ところで、任意組合やパートナーシップを通じて不動産賃貸事業に投資する事例が少なくありませんが、このような投資者の多くは、組合員等の構成員の地位にはあるものの、実際には、組合事業に係る重要な業務の執行の決定等に参画せず、事実上、金銭による投資をしているだけで、自らが不動産所得を生ずべき事業を行っているとはいい難いのが実情です。

そこで、不動産所得を生ずべき事業を行う任意組合等の特定組合員(個人の組合員のうち、組合事業に係る重要な業務の執行の決定に関与し、かつ、契約を締結するための交渉等を自ら執行する組合員以外の人)や信託の受益者である個人については、組合事業又は信託から生じた不動産所得の損失で自らに帰属するものについては、生じなかったものとみなされ、他の不動産所得の黒字から差し引くことができず、したがって、損益通算の対象にもできないこととする「特定組合員等の不動産所得に係る損益通算等の特例」(措法41の4の2)が設けられています。

なお、特定組合員等(特定組合員と信託から生じる不動産所得がある受益者をいいます。)は、組合事業ごと又は信託ごとに収支内訳書(不動産所得用)を作成し、確定申告書に添付して提出しなければならないことになっています。

(注) 有限責任事業組合の組合員の所得計算についても一定の制限が設けられています(措法27の2)。

(4) 上場株式等に係る譲渡所得等

上場株式等の譲渡所得等(株式等(措法37の10②)のうち、上場株式等に該当するもの(措法37の11②)の譲渡による事業所得、譲渡所得又は雑所得をいいます。)については、**第1章の2の(2)オンライントレードによる所得**でも説明したように、一律15%(復興特別所得税と併せて15.315%。他に住民税5%)の税率による**申告分離課税**と

されています（措法37の11）。

　上場株式等の譲渡所得等の対象となる上場株式等には、金融商品取引所に上場されている株式等や店頭売買登録銘柄として登録されている株式、公募投資信託の受益権などのほか、その利子が申告分離課税の対象とされている特定公社債が含まれています。

　なお、株式等のうち上場株式等に該当しないものの譲渡所得等（以下「一般株式等の譲渡所得等」といいます。）についても、同じ税率で申告分離課税の対象とされています（措法37の10）が、一般株式等の譲渡所得等の金額（損失の金額を含みます。）と上場株式等の譲渡所得等の金額（損失の金額を含みます。）との間の通算はできないことになっています。

　また、上場株式等の譲渡損失の金額については、租税特別措置法第8条の4に規定する申告分離課税の配当所得等との損益通算ができ、引ききれなかった譲渡損失の金額は、翌年以後3年間の各年分の上場株式等の譲渡所得等及び上場株式等の配当所得等の金額に順次繰り越して控除することができることになっています（措法37の12の2）。

＜確定申告書に添付する書類＞

　上場株式等の譲渡所得等の金額がある場合には、「株式等に係る譲渡所得等の金額の計算明細書」（巻末参考資料10）を作成し、確定申告書に添付して提出する必要があります。

　また、上場株式等の譲渡損失の金額を上場株式等の配当所得等と損益通算する場合や翌年以後の年分に繰り越す場合には、「確定申告書付表（上場株式等に係る譲渡損失の損益通算及び繰越控除用）」（巻末参考資料11）を作成して提出する必要があります。

（注）　源泉徴収口座における上場株式等の譲渡による所得は、原則として、確定申告は不要です（措法37の11の5）。

（5）　先物取引に係る雑所得等

　先物取引等の雑所得等（一定の先物取引の差金等決済に係る事業所得

の金額、譲渡所得の金額又は雑所得の金額をいいます。）についても、（4）の上場株式等の譲渡所得等と同様に、一律15％（復興特別所得税と併せて15.315％。他に住民税5％）の税率による申告分離課税とされています（措法41の14）。

なお、上述のとおり、一般株式等の譲渡所得等や上場株式等の譲渡所得等も、同じ税率で申告分離課税の対象とされていますが、これらの金額（損失の金額を含みます。）と先物取引等の雑所得等の金額（損失の金額を含みます。）との間での通算はできないことになっています。

また、先物取引の差金等決済に係る損失の金額（先物取引に係る雑所得等の金額の計算上生じた損失の金額のことをいいます。）については、一定の要件の下で、翌年以後3年間の各年分の先物取引等の雑所得等の金額に順次繰り越して控除することができることになっています。（措法41の15）。

＜確定申告書に添付する書類＞

先物取引等の雑所得等の金額がある場合には、「先物取引に係る雑所得等の金額の計算明細書」（巻末参考資料12）を作成し、確定申告書に添付して提出する必要があります。

また、先物取引の差金等決済に係る損失の金額翌年以後の年分に繰り越す場合には、「確定申告書付表（先物取引に係る繰越損失用）」（巻末参考資料13）を作成して提出する必要があります。

2 報酬・料金の源泉徴収を受ける場合

（1） フリーランスに係る所得と源泉徴収

　フリーランスに係る所得のうち、一定のものについては、報酬（対価）の支払の際に源泉徴収が行われます（所法204，205）。

　例えば、原稿作成や書籍の監修、服飾等のデザイン、講演、通訳、翻訳などで雇用契約に基づかないものの対価、金融商品取引法に規定する投資助言の対価については、所得税法第204条第1項第1号に規定する「報酬・料金」に該当します。

　また、資格ビジネスに関しては、弁護士、公認会計士、税理士、社会保険労務士、司法書士、土地家屋調査士、中小企業診断士、測量士、建築士、不動産鑑定士などの資格に基づく役務提供対価のほか経営コンサルタントの受ける報酬は、同条第1項第2号に規定する「報酬・料金」に該当します。

＜源泉徴収税率＞

　これらの「報酬・料金」については、原則として、その金額の10.21％（1回の支払額が100万円を超える場合には、その超える部分の金額に対しては20.42％）に相当する金額が所得税及び復興特別所得税として源泉徴収されることになっています。

　ただし、司法書士や土地家屋調査士などの報酬については、1回の支払ごとにその金額から1万円を差し引いた金額の10.21％に相当する金額が源泉徴収税額となります。

（2）　確定申告による税額の精算

　これらの対価については、**第1章 2** の（1）フリーランスの所得でみたとおり、事業所得あるいは雑所得に該当するものであり、総収入金額から必要経費の額を差し引いて所得金額を計算することになり

ます。これに対し、源泉徴収税額は、収入金額に対応して、原則として、10.21％という税率で計算されることになっていますので、年間の税額が報酬・料金に対する源泉徴収税額の合計額を下回ることになる場合が多いと考えられます。

　この場合、年間の税額を精算は、給与のような年末調整がありませんから、確定申告により、源泉徴収税額のうち、年間の税額を上回る部分の金額の還付を受けることになります。

(注)　序章の■5■申告納税制度と所得税の申告義務で説明しているように、確定申告の要否については、一般的には、所得金額が所得控除の合計額を上回るかどうかにより判定するのであり、源泉徴収の有無により左右されるわけではありません。
　　　また、これらの仕事を副業（サイドビジネス）として行う場合には、正社員としての給与があり、これに副業としての対価に基づく事業所得又は雑所得の金額が加算されることになるわけですから、**第1編第3章■1■の給与所得者が確定申告を要しない場合に該当しなければ**、一般的には、所得税及び復興特別所得税の確定申告が必要となると考えられます。

フリーランスの所得のうち、デザインやコンサルタントなど一定のもの
　⇒　報酬の支払の際に、通常、10.21％の税率により源泉徴収
　　　⇒　確定申告により税額を精算

3 個人住民税について

　個人の都道府県民税と市区町村民税とを併せて個人住民税といい、所得割と均等割から成っています。なお、個人住民税の徴税事務は、市区町村で行っています。

　ところで、個人住民税の所得割（以下、単に「個人住民税」といいます。）は、所得税と同様に個人の所得に対する税金であり、手続の面でも、所得と密接な関係があります。ただし、個人住民税は、前年分の所得に対し賦課課税方式により課される仕組みとなっている点で所得税と大きく異なります。

(1) 個人住民税の計算

　個人住民税の対象となる所得金額の計算方法は、所得税とほぼ同じですが、所得控除について違いがあります。例えば、生命保険料控除や地震保険料控除については計算方法が異なりますし、各種の人的控除額は個人住民税の方がやや少ない金額になっています。

◎所得税と個人住民税の人的控除の額

控除の種類		所得税	個人住民税
基　礎　控　除		38万円	33万円
配　偶　者　控　除		最高38万円	最高33万円
	老人控除対象配偶者	最高48万円	最高38万円
配　偶　者　特　別　控　除		最高38万円	最高33万円
扶　養　控　除		38万円	33万円
	特定扶養親族	63万円	45万円
	老人扶養親族	48万円	38万円
	同居老親等	58万円	45万円

障害者控除		27万円	26万円
	特別障害者	40万円	30万円
	同居特別障害者	75万円	53万円
寡婦・寡夫控除		27万円	26万円
	特別の寡婦	35万円	30万円
勤労学生控除		27万円	26万円

　また、寄附金については、所得税のような寄附金控除（所得控除）はありませんが、いわゆる「ふるさと納税」のように、税額控除の対象となる寄附金があります。

(注)　所得税の寄附金控除の対象となる寄附金と個人住民税の税額控除の対象となる寄附金の範囲が異なるので、所得税及び復興特別所得税の確定申告書には、個人住民税の税額控除の対象となる金額を明らかにするための欄が設けられています。

　なお、個人住民税の所得割の税率は一律10％です。

(2)　個人住民税の確定手続

　上で述べたとおり、個人住民税は賦課課税方式であり、申告納税制度を採用する所得税とは大きく異なります。毎年6月初めには、住所地の市区町村から「住民税決定通知書」が送られてきます。法的には、この通知書の送付・受取りにより税額が確定します。なお、年の中途で住所の異動があった人の場合、この住所地とは、その年の1月1日における住所地のことをいいます。

　なお、給与所得者の場合は、次の（3）で説明するように、勤務先で給与から天引き（特別徴収）が行われる関係で、「住民税決定通知書」は、勤務先経由で送られます。

(注)　「住民税決定通知書」に記載されている税額等について不服がある場合には、その市区町村長に対し「審査請求」をすることができます（行審法4一）。「住民税決定通知書」には、このことに関する教示文が記載されています。

(3) 個人住民税の普通徴収と特別徴収

　個人住民税については、特別徴収の行われる給与所得者や公的年金等所得者を除き、普通徴収の方法で税額を納付することとなっています。

　普通徴収とは、納税義務者が自ら銀行等で税金を納める方法による徴税手続のことです。（２）で述べたとおり、「住民税決定通知書」は、その年の６月に送付されます。この通知書に記載された税額は、６月、８月、10月、翌年１月の４回の納期に分けて納めることになっています。なお、市区町村の指定した銀行の預金口座から税額を引き落とす口座振替の方法を選択することもできることとされています。

　これに対し、給与所得者の場合は、勤務先において、その年度の個人住民税の額の12分の１に相当する金額が６月から翌年５月の給与の額から天引きされて、勤務先から市区町村に納付する方法（特別徴収）が採られています。

　なお、公的年金等所得者についても、公的年金等の支払額から天引きによる特別徴収が行われます。

＜参考＞　普通徴収か特別徴収かの選択　－副業所得がある場合など－

　給与所得者の個人住民税については、勤務先において、給与から天引きされることを通じ特別徴収されることになっていますが、副業などによる給与所得以外の所得がある場合には、給与所得以外の所得にに対応する部分の税額については、納税者の選択により、普通徴収により自らが直接税額の支払をする方法を選択することもできることになっています。

　この選択をする場合には、所得税及び復興特別所得税の確定申告書の「住民税・事業税に関する事項」の「給与・公的年金等に係る所得以外（平成30年４月１日において65歳未満の方は給与所得以外）の所得に対する住民税の徴収方法の選択」の「自分で納付」の□に○を記入します。

第3章 サイドビジネス・フリーランスと消費税

　消費税は、消費一般に広く課税する間接税であり、取引の際に転嫁されることより、最終的に税負担を消費者に求める仕組みの税金です。この仕組みの下で消費税の税額の申告・納付を担う納税義務者は、「事業者」です（消法5）。この「事業者」とは、法人と「個人事業者」のことをいいます（消法2①四）。

　「事業者」とか「個人事業者」とかいうと、所得税でいうところの「事業所得者」や不動産所得を生ずべき事業が連想されるのではないかと思いますが、実は、消費税法上の事業は、所得税法上の事業より範囲が広いのです。

　第1章の ❙1❙ 各種所得の区分等で説明したように、所得税法上は、所得を生じさせるための独立した継続的な営み所得を生じさせるための独立した継続的な営みのことを「業務」といいますが、所得税法上の事業はこの「業務」に含まれます。ところが、事業より広い概念である「業務」の方がと消費税法上の事業に近いといえるのです。例えば、不動産の貸付けは、所得税法上の事業といえる規模で行われているかどうかにかかわらず、消費税法上の事業に該当します。また、何らかの業務から生じる所得が所得税法上、事業所得と雑所得とのいずれに該当するかは、第1章の ❙1❙ の（3）事業所得と雑所得との区分で説明したように、その業務が所得税法上の事業に該当するかどうかにより判定することになるのですが、消費税法上はいずれも事業に該当すると解して差し支えないと考えられます。

　この章では、以上のことを踏まえて、サイドビジネスやフリーランスと消費税について説明します。

消費税法上の「事業」は、所得税法上の「事業」より広い概念
★不動産の貸付けは、それが所得税でいう事業的規模で行われているかどうかに関係なく、消費税法上の「事業」に該当。
★雑所得を生ずべき業務も、おおむね消費税法上の「事業」に該当。

1 消費税における「事業者」と所得税法上の所得区分

　消費税法では、「事業者」が国内において行った「資産の譲渡等」が消費税の課税対象とであるとされています（消法4①）。この「資産の譲渡等」とは、「事業として対価を得て行われる資産の譲渡及び貸付け並びに役務の提供（代物弁済による資産の譲渡その他対価を得て行われる資産の譲渡若しくは貸付け又は役務の提供に類する行為として政令で定めるものを含む。）」をいうこととされています（消法2①八）。

　ここでいう事業に関し、消費税法基本通達1－1－1《個人事業者と給与所得者の区分》では、「事業者とは自己の計算において独立して事業を行う者をいうから、個人が雇用契約又はこれに準ずる契約に基づき他の者に従属し、かつ、当該他の者の計算により行われる事業に役務を提供する場合は、事業に該当しない」とする考え方が示されています。この通達は、タイトルからもわかるように、その対価が給与所得に該当するような役務提供は消費税法上の事業に該当しないことを明らかにしていますが、雑所得を生ずべき業務についていえば、上で説明したように、消費税法上は事業に該当すると解されるところです。

　ところで、第1章の ▌2▌ 各種のサイドビジネス・フリーランスに係る所得の区分の（1）では、「フリーランス」や「雇用的自営」といった働き方が人的役務提供であることを前提に、そこから生じる所得の所得区分が事業所得又は雑所得に区分されることを説明しました。

　したがって、「フリーランス」や「雇用的自営」といわれる働き方を選択している人は、一般的には、消費税法上の「事業者」に該当すると考えられるのです。

| 「フリーランス」や「雇用的自営」で働く人 ➡ 消費税法上の「事業者」に該当。|

2 消費税の免税事業者

　消費税については、上述のとおり、「個人事業者」に納税義務（申告納税を行う義務）が課されることになっているのですが、零細な事業者で一定の要件を満たす人や法人については、納税義務が免除されることになっています。この消費税の納税義務を免除される事業者を「免税事業者」といいます。

（1）消費税の課税対象と課税売上高

　消費税の課税対象は、上述のとおり、「事業者」が国内において行った「資産の譲渡等」であり、「資産の譲渡等」とは、「事業として対価を得て行われる資産の譲渡及び貸付け並びに役務の提供」（これらに類する一定の行為を含みます。）をいいます。ただし、「資産の譲渡等」でも、土地の譲渡や貸付け、有価証券の譲渡、住宅の貸付け、病院や診療所等における社会保険診療など一定のものについては非課税とされており（消法6、別表第一）、「資産の譲渡等」のうち非課税とされないものを「課税資産の譲渡等」といいます（消法2①九）。

　「課税売上高」というのは、一定期間の「課税資産の譲渡等」の対価の額（税抜き）の合計額（その期間に対価の返還を行った場合にはその返還した額（税抜き）を除きます。）のことです。

（2）免税事業者と課税事業者

　消費税法では、「基準期間」（個人事業者についてはその年の前々年をいいます。消法2①十四。）の課税売上高が1,000万円以下である課税期間（個人事業者についてはその年をいいます。）の納税義務が免除されることになっています（消法9①）。

　ただし、個人事業者の場合、基準期間の課税売上高が1,000万円以下であっても、「特定期間」（消法9の2④。前年1月1日から6月30日までの間をいいます。）における課税売上高と支払給与の額がともに1,000万円を超える場合には、納税義務は免除されません（消法9

の2①③)。

　以上により、消費税の申告納税の義務を免除される事業者が「免税事業者」であり、「免税事業者」以外の事業者を「課税事業者」といいます。

　新たにフリーランスやサイドビジネスとして消費税法上の事業を始めた人は、「事業者」に該当しますが、基準期間の課税売上高や特定期間の課税売上高・支払給与の額が1,000万円を超えるなどということは、通常ないと考えられますので、当面は、免税事業者に該当するものと考えられます。

フリーランスやサイドビジネスを始めた人…消費税法上の「事業者」に該当する。
　ただし、当面は「免税事業者」に該当し、申告・納税の義務を免れることになる。

---

3 消費税課税事業者の選択

 2 で説明した免税事業者に該当する事業者であっても、所轄の税務署へ「消費税課税事業者選択届出書」（巻末参考資料 14）を課税期間の開始前（個人事業者の場合は、その年の前年 12 月 31 まで）に提出することにより、課税事業者になることを選択できることになっています（消法 9④）。ただし、新たに事業を開始した個人事業者の場合は、その事業を開始した年の 12 月 31 日までに「消費税課税事業者選択届出書」を提出すれば、その開始年から課税事業者となることができます。

(1) 消費税課税事業選択と還付申告

　新たに事業を始める際には、建物や機械設備など、高額な減価償却資産を購入するなど初期投資が行われる場合が少なくありません。減価償却資産の取得に要した費用については、所得税法上、その資産に係る耐用年数等に基づいて計算される減価償却費の額を、期間の経過に応じて必要経費に算入していくことになりますが、消費税の計算においては、減価償却資産の購入の対価など初期投資に要した金額は、その投資をした課税期間（年分）における「課税仕入れ」（消法 2①十二。事業者が、事業として他の者から資産を譲り受け、若しくは借り受け、又は役務の提供（給与等を対価とする役務の提供を除きます。）を受けること。）として、仕入税額控除の対象とされます。

　このため、多額の初期投資をした事業者は、仕入税額控除の額が課税標準（課税資産の譲渡等の対価の額）に対する消費税の額を上回ることとなり、消費税の還付申告をすることができるのですが、免税事業者は、このような還付申告をすることができません。

　ただし、免税事業者に該当する事業者が消費税の課税事業者選択をすれば、消費税の還付申告をすることができることになります。

　フリーランスとして個人事業者に該当することとなった人の場合は、初期投資が多額に上るような例は少ないと思われますが、多額の

初期投資のある人の場合は、消費税の課税事業者選択をした上で還付申告をするという選択肢を検討する余地があるでしょう。

ただし、消費税の課税事業者選択届出書を提出した場合、原則として、これにより課税事業者となった場合、その提出日を含む年とその翌年の２年間は免税事業者となることはできません（消去９⑥）ので、この間の消費税の申告・納税が必要となります。

(注)　購入価額（税抜き）が100万円以上の減価償却資産などを調整対象固定資産といいますが、消費税課税事業者選択届出書を提出して課税事業者となった事業者がその提出日から２年間のうちに調整対象固定資産の購入をした場合、その購入日を含む年とその翌年及び翌々年の３年間は免税事業者となることができません（消去９⑦）し、簡易課税制度の選択もできないこととされています（消去37③一）。

> 事業（業務）開始時に多額の初期投資をした場合
> ⇒　消費税の課税事業者選択をした上で、消費税の還付申告ができる。
> ★ただし、その後、免税事業者に戻る or 簡易課税を選択する　には、制約があるので注意！

(2) 選択の取りやめ

消費税の課税事業者選択をした人は、「消費税課税事業者選択不適用届出書」（巻末参考資料15）を提出すれば、免税事業者に戻ることができます。ただし、基準期間の課税売上高が1,000万円以下である場合は課税事業者となります。

なお、消費税課税事業者選択をした場合、２年間（調整対象固定資産の購入費用を仕入れ税額控除の対象とした場合は、その年から３年間）は、「消費税課税事業者選択不適用届出書」を提出することができないことになっています。

＜参考１＞消費税の所轄税務署（書類の提出先）

消費税の各種の届出書や確定申告書は、消費税の納税地を所轄する税務署に提出します。

個人事業者の消費税の納税地は、**第１編第３章 2 の (4) の確定申告書の提出先**で説明した所得税の納税地と同様に、原則として、住所地であ

り、住所以外に居所や事業に係る事業所、事務所等を有している人については、選択により、住所地に代えて居所地や事業所等の所在地を所得税の納税地にすることができることになっています。要するに、所得税の納税地と同じルールによることになっていますので、実務上は、所得税と消費税の納税地を同じ場所にして、例えば、納税地の異動届出書など共通化された書式を同じ税務署に提出するようにされているところです。

＜参考２＞消費税課税事業者選択届出書や選択不適用届出書と提出期限

　税務署に提出する確定申告書や各種の届出書等の提出期限については、**序章┃6┃ 確定申告期限**と**納期限**で説明したようにその期限に当たる日が土曜日や日曜日に当たっている場合には、次の月曜日まで延ばされることになっています（通法10②）。その期限が祝日などの休日に当たっている場合も同様に、次の平日まで延ばされます。

　ただし、消費税課税事業者選択届出書や選択不適用届出書などについては、取扱いが異なります。これは、これらの届出書の提出の日がその提出による効力がいつから発生するのかの基準日とされていることによります。つまり、消費税課税事業者選択届出書などについては、提出期限が定められているわけではなく、提出日を基準に効力の発生日が決まる仕組みになっているのです。消費税課税事業者選択届出書についていえば、原則として、その提出日の属する課税期間の翌課税期間から効力が発生する、すなわち、課税事業者となることになっているのですが、例外として、事業を開始した課税期間に提出されたものに限り、その事業を開始した課税期間から効力が生じることとされ、直ちに課税事業者となることとされているのです。

　したがって、例えば、消費税課税事業者選択届出書を提出して課税事業者となっている個人事業者が2年を経過し、3年目から免税事業者に戻るには、「消費税課税事業者選択不適用届出書」を2年目の課税期間が終了する12月31日までに提出する必要があり、これが12月31日から翌年1月3日までの間がいずれも休日だからといって、翌年1月4日まで「期限」が伸びるということにはならないのです。

4 軽減税率の導入とインボイス

　わが国の消費税は、これまで単一税率（3%⇒5%⇒8%）の税金でした。
　また、仕入税額控除の対象となる課税仕入れには、免税事業者からの資産の購入や役務の提供なども含まれていました。なお、仕入税額控除は、課税仕入れに係る相手方から交付を受けた請求書等と自らが課税仕入れに関して必要とされている事項（日付や相手方、金額等）を記帳した帳簿を保存することを要件として適用できることとされてきました。
　ところが、平成31年（2019年）10月1日から消費税率の引上げに併せて軽減税率が導入されることに伴い、仕入税額控除を的確に適用できるようにするため、「適格請求書」（インボイス）等の保存が求められることになりました。
　この改正は、これまで免税事業者に該当し、事実上、消費税にかかわることのなかったフリーランスの人たちに少なからず影響を及ぼす可能性があります。

(1) 消費税率の引上げと軽減税率の導入

　平成31年（2019年）10月1日から消費税率が10%（内訳：消費税率7.8%、地方消費税率2.2%）に引き上げられます。これに併せて、①飲食料品（酒類・外食を除く。）と②定期購読契約に基づく新聞で週2回以上発行されるものについて軽減税率8%（内訳：消費税率6.24%、地方消費税率1.76%）が導入される結果、わが国の消費税は複数税率となります。
　この複数税率による影響については、軽減税率の適用を受けることのできる事業者だけに恩恵をもたらすという単純なものではなく、仕入税額控除の算定等を巡り、多くの事業者に及ぶことになりそうです。

(2) インボイス制度の採用と経過措置

　この複数税率の下における仕入税額控除を的確に適用できるようにするため、平成35年（2023年）10月以後は、「適格請求書発行事業者」から交付を受けた「適格請求書」（インボイス）等の保存が仕入税額控除の要件とされることになりました（適格請求書等保存方式＝インボイス制度）。

　「適格請求書」（インボイス）とは、「売手が買手に対して正確な適用税率や消費税額等を伝えるための手段」と位置付けられるものであり、次の事項が記載されることになっています。

　　ⅰ　適格請求書発行事業者の氏名又は名称及び登録番号
　　ⅱ　取引年月日
　　ⅲ　取引内容（軽減税率の対象となる場合はその旨）
　　ⅳ　税率ごとに合計した税抜又は税込対価の額及び税率
　　ⅴ　消費税額等
　　ⅵ　書類の交付を受ける者の氏名又は名称

　（注）　「適格請求書発行事業者」とは、納税地を所轄する税務署長に所定の登録申請書を提出し、適格請求書発行事業者として登録を受けた課税事業者をいいます。適格請求書発行事業者の登録は、原則として、課税事業者でないと受けることができないのですが、登録日が平成35年（2023年）10月1日の属する課税期間中である場合は、課税事業者選択届出書を提出しなくても、登録を受けることができることになっています。

　フリーランスで働く人は消費税法上の事業者に該当するものの、当面は免税事業者であると考えられることは上の **2** の（2）で説明したとおりですが、平成35年（2023年）10月以後は、仕事の発注先から「適格請求書」（インボイス）の発行を求められることもあり得ます。これに対応するためには、課税事業者として「適格請求書発行事業者」の登録を受ける必要が生じるのです。

<経過措置―区分記載請求書保存方式:平成31年(2019年)10月～平成35年(2023年)9月>

　インボイス制度（適格請求書等保存方式）は、平成31年（2019年）10月の複数税率の導入と同時に適用されるのではなく、4年間は、経過措置として「区分記載請求書保存方式」が採用されます。

　これは、現行の帳簿及び請求書等の保存を仕入税額控除の適用要件とするものですが、帳簿や請求書等に、課税資産の譲渡等が軽減税率の対象となるものである場合におけるその旨や税率ごとの課税資産の譲渡等の対価の額が記載事項として追加されています。

　この経過措置適用期間においては、フリーランスで働く人に影響はほとんどないと考えられます。

平成31年（2019年）10月～複数税率導入　⇒　インボイス制度導入
★仕入税額控除適用のため、「適格請求書発行事業者」から交付された「適格請求書」等の保存が必要に
　フリーランスでも、「適格請求書発行事業者」の登録のため課税事業者となる必要が生じる場合あり。
　ただし、平成35年（2023年）9月までの経過期間中はそのような必要はない。

第3編

年金収入と所得税

わが国は、人口減少時代に入っており、この人口減少と少子高齢化の傾向は今後加速していくことが想定されています。人口減少と少子高齢化の進行が就労人口の減少を招き、深刻、かつ、慢性的な人手不足が懸念されています。

これに対応するため、新たな就労の担い手として、女性や外国人と並んで期待されてきたのは高齢者です。近年は、定年延長や退職者の再雇用等を通じ人的資源としての高齢者の有効活用が進められています。このことは、公的年金の受給開始年齢の引上げと相まって、高齢の就労者の増加につながっています。総務省統計局の「労働力調査」（平成30年8月）によれば、65歳以上の高齢者就労割合は24.5％に達したとのことです。

ところで、公的年金や生命保険契約に基づく年金（個人年金）というのは、いわば、高齢者のための所得であり、高齢者が就労により給与所得を得るようになるということは、給与所得と公的年金等の雑所得や個人年金に係る雑所得を併有する人が増加することを意味します。

そこで、**第3編**では、このようなタイプの所得者（給与所得と公的年金等の雑所得や個人年金に係る雑所得との両方がある人で、いずれの所得がメインかは問いません。）の所得税について説明することにします。まず、**第1章**で公的年金等を中心に説明し、次に、**第2章**で個人年金について説明します。

第1章 公的年金等と所得税

　公的年金等は、雑所得に区分されますが、公的年金等の雑所得の金額は、他の雑所得とは別枠で、公的年金等の収入金額から公的年金等控除額を差し引いて計算することになっています(所法35②一)。なお、公的年金等以外の雑所得の金額は、総収入金額から必要経費を差し引いて計算することとされており(所法35②二)、公的年金等と公的年金等以外の雑所得の両方がある人の雑所得の金額は、それぞれの方法で計算した両方の所得金額の合計額ということになります(所法35②)。この場合、公的年金等以外の雑所得の金額が赤字のときは、その赤字の金額を公的年金等の雑所得の金額から差し引いた金額が雑所得の金額となります（これは、所得内通算といわれるもので、不動産所得や事業所等などの赤字のみが対象とされている損益通算（所法69）とは異なります。）。

雑所得の金額 ＝ ⅰ 公的年金等の雑所得の金額 ＋ ⅱ 公的年金等以外の雑所得の金額
　ⅰ 公的年金等の雑所得の金額 ＝ 公的年金等の収入金額 － 公的年金等控除額
　ⅱ 公的年金等以外の雑所得の金額 ＝ 公的年金等以外の雑所得の総収入金額 － 必要経費
　※　ⅱが赤字の場合は、ⅰの金額から差し引いて雑所得の金額を計算する（所得内通算)。

　以下では、公的年金等の雑所得について、その範囲や所得金額の計算方法、源泉徴収と確定申告などを説明します。

1 公的年金等の雑所得の範囲

公的年金等には、次のようなものがあります。
① 国民年金法の規定による老齢基礎年金や厚生年金保険法の規定による老齢厚生年金、国家公務員共済組合法や地方公務員等共済組合法などの規定による退職年金
② 被用者年金制度の一元化等を図るための厚生年金保険法等の一部を改正する法律（平成24年法律第63号）による改正前の国家公務員共済組合法、地方公務員等共済組合法等の規定に基づく退職共済年金やいわゆる職域加算年金
③ 恩給法の規定による恩給（一時恩給や非課税とされるものを除く。）や過去の勤務に基づき使用者であった者から支給される年金
④ 確定給付企業年金法や確定拠出年金法の規定による老齢給付金
⑤ 外国における法令に基づく保険や共済に関する制度で①の法律の規定に基づく社会保険や共済に類するものに基づいて支給される年金

＜参考＞ 非課税の年金

　国民年金法や厚生年金保険法など、公的な年金に関する各種の法律では、一般的に年金について税金を課さないこととする公課禁止規定（国民年金法25、厚生年金保険法41②など）が設けられており、例外的に老齢年金などについてのみ課税できることになっています。このため、障害を給付原因とする障害年金や受給者が死亡した場合に一定の要件に該当する遺族が受給する遺族年金については、一般的に課税されないことになっているといえます。なお、恩給法には、公課禁止規定は設けられていませんが、所得税法第9条第1項第3号において、国民年金等における障害年金に相当する増加恩給や遺族年金に相当する遺族恩給について非課税とすることとされています（過去の勤務に基づき使用者であつた者から支給される年金についても、同様に非課税とされています。）。
　したがって、公的年金等で課税の対象とされているのは、いわゆる老齢年金に限られているということができます。

2 公的年金等の雑所得の金額の計算

公的年金等の雑所得の金額は、その年中の公的年金等の収入金額から公的年金等控除額を差し引いて計算します。ただし、公的年金等控除額がその年中の公的年金等の収入金額を上回る場合には、公的年金等の雑所得の金額は0（零）とされます。

> 公的年金等の雑所得の金額 ＝ 公的年金等の収入金額 － 公的年金等控除額
> （赤字のときは0）

(1) 公的年金等の収入金額

公的年金等の収入金額は、その年に複数の公的年金等を受給している場合には、その合計額です。

(2) 公的年金等控除額

公的年金等控除額は、次の区分に応じ、それぞれに次に掲げる金額に50万円を加算した金額です。

ただし、その金額が70万円に満たない場合は70万円（65歳以上の人は、その金額が120万円に満たない場合は120万円）が公的年金等控除額とされます（所法35④、措法41の15の3①）。

ア　公的年金等の収入金額が410万円以下の場合
　　（公的年金等の収入金額－50万円）×25％

イ　公的年金等の収入金額が410万円を超え770万円以下の場合
　　（公的年金等の収入金額－410万円）×15％ ＋ 90万円

ウ　公的年金等の収入金額が770万円を超える場合
　　（公的年金等の収入金額－770万円）× 5％ ＋ 144万円

（3） 公的年金等に係る雑所得の速算表

公的年金等の雑所得の金額は、通常、次の速算表により計算します。

公的年金等の雑所得の金額＝（a）×（b）−（c）

公的年金等に係る雑所得の速算表

受給者の年齢	(a)公的年金等の収入金額の合計額	(b)割合	(c)控除額
65歳未満	（公的年金等の収入金額が70万円以下の場合は、公的年金等の雑所得の金額は0となる。）		
	700,001円から1,299,999円まで	100％	700,000円
	1,300,000円から4,099,999円まで	75％	375,000円
	4,100,000円から7,699,999円まで	85％	785,000円
	7,700,000円以上	95％	1,555,000円
65歳以上	（公的年金等の収入金額が120万円以下の場合は、公的年金等の雑所得の金額は0となる。）		
	700,001円から3,299,999円まで	100％	1,200,000円
	3,300,000円から4,099,999円まで	75％	375,000円
	4,100,000円から7,699,999円まで	85％	785,000円
	7,700,000円以上	95％	1,555,000円

（注）年齢は、原則として、その年12月31日における年齢です。

<参考> 平成32年（2020年）以後の年分の公的年金等控除額（平成30年度改正）

平成30年度の税制改正で、公的年金等控除額は、原則として、一律10万円（公的年金等の雑所得以外の合計所得金額が1,000万円を超え2,000万円以下の場合は20万円、2,000万円を超える場合は30万円）引き下げることとされたほか、公的年金等の収入金額が1,000万円を超える場合の控除の上限額が設けられ、平成32年分（2020年分）から適用されることとされました。

この結果、平成32年（2020年）以後の年分における公的年金等控除額は、次のようになります。

区分	公的年金等の収入金額	公的年金等の雑所得以外の合計所得金額		
		1,000万円以下	1,000万円超2,000万円以下	2,000万円超
年齢65歳未満	130万円以下	60万円	50万円	40万円
	130万円超410万円以下	公的年金等の収入金額×25％＋27.5万円	公的年金等の収入金額×25％＋17.5万円	公的年金等の収入金額×25％＋7.5万円
	410万円超770万円以下	公的年金等の収入金額×15％＋68.5万円	公的年金等の収入金額×15％＋58.5万円	公的年金等の収入金額×15％＋48.5万円
	770万円超1,000万円以下	公的年金等の収入金額×5％＋145.5万円	公的年金等の収入金額×5％＋135.5万円	公的年金等の収入金額×5％＋125.5万円
	1,000万円超	195.5万円	185.5万円	175.5万円
年齢65歳以上	330万円以下	110万円	100万円	90万円
	330万円超410万円以下	公的年金等の収入金額×25％＋27.5万円	公的年金等の収入金額×25％＋17.5万円	公的年金等の収入金額×25％＋7.5万円
	410万円超770万円以下	公的年金等の収入金額×15％＋68.5万円	公的年金等の収入金額×15％＋58.5万円	公的年金等の収入金額×15％＋48.5万円
	770万円超1,000万円以下	公的年金等の収入金額×5％＋145.5万円	公的年金等の収入金額×5％＋135.5万円	公的年金等の収入金額×5％＋125.5万円
	1,000万円超	195.5万円	185.5万円	175.5万円

3 公的年金等に対する源泉徴収

　居住者が支払を受ける公的年金等については、原則として、所得税及び復興特別所得税の源泉徴収が行われることになっています（所法203の2）。

　公的年金等に対する源泉徴収税額は、「公的年金等の扶養親族等申告書」の提出の有無や受給者の年齢（65歳以上かどうか）、「公的年金等の扶養親族等申告書」に記載されている内容に基づく「人的控除額」に応じて計算されることになっています（所法203の3、措法41の15の3②）。

（１）　公的年金等の扶養親族等申告書

　　公的年金等の源泉徴収税額については、給与と同様に、適用を受けると見込まれる人的控除を反映するため、公的年金等（確定給付企業年金や確定拠出年金など一定のものを除きます。）の受給者は、原則として、支払者に「公的年金等の扶養親族等申告書」（巻末参考資料16）を提出しなければならないこととされています（所法203の5①）。なお、その提出をしなかった場合には、人的控除が源泉徴収税額の計算に反映されないだけでなく、源泉徴収税額の税率が高くなります。

　　（注）「公的年金等の扶養親族等申告書」は、支払者を通じ、その源泉所得税の所轄税務署長に提出する建前になっていますが、実務上は、支払者において保存することになっていますので、ここでは、支払者に提出すると説明しています。
　　　　なお、「公的年金等の扶養親族等申告書」の提出期限は、その年の最初に年金の支払を受ける日の前日とされています（所法203の5①）が、支払者から前年中の早い段階（秋頃）から提出を求められる例が多いようです。

　　なお、公的年金等の受給額が年間108万円（65歳以上の場合は158万円、ただし、65歳以上の場合で国家公務員共済組合法等に基づく退職年金など一定のものについては80万円）未満の場合は、「公的年金等の扶養親族等申告書」の提出は不要です（所法203の6、所令319の13、措令26の27）。この場合、所得税及び復興特別所得税の源泉徴収も行われません。

ア　公的年金の扶養親族等申告書の記載事項

　公的年金等の扶養親族等申告書には、本人の住所、氏名及びマイナンバーを記載するほか、次表の①～④の事項を記載することになっています。

　次表の①～④に該当する項目がない人は、本人の住所、氏名及びマイナンバーだけを記載して提出することになります（提出しない場合、源泉徴収税額が割高となってしまうことについては、上で述べたとおりです。）。

公的年金等の扶養親族等申告書の記載事項

区　　分	記　載　事　項
① 本人が特別障害者、その他の障害者、寡婦、寡夫又は勤労学生に該当する場合[1]	本人がこれらに該当する旨とその該当する事実
② 源泉控除対象配偶者[2]がいる場合	源泉控除対象配偶者の生年月日・住所・氏名・マイナンバー・その年分の合計所得金額の見積額
② 源泉控除対象配偶者が老人控除対象配偶者[3]に該当する場合	その旨
③ 控除対象扶養親族[4]がいる場合	控除対象扶養親族の生年月日・住所・氏名・本人との続柄・マイナンバー・その年分の合計所得金額の見積額
③ 特定扶養親族[5]や老人扶養親族[6]に該当する控除対象扶養親族がいる場合	その控除対象扶養親族がこれらに該当する旨
④ 同一生計配偶者[7]や扶養親族[8]のうちに、同居特別障害者、同居特別障害者以外の特別障害者又はその他の障害者がいる場合	その該当者の氏名とその該当する事実（その該当者が源泉控除対象配偶者又は控除対象扶養親族に該当しない場合には、その該当者の生年月日・住所・本人との続柄・その年分の合計所得金額の見積額）

（注）1 「障害者」、「特別障害者」、「同居特別障害者」、「寡婦」、「寡夫」及び「勤労学生」の範囲については、巻末参考資料4を参照してください。

　　　2 「源泉控除対象配偶者」とは、本人と生計を一にする配偶者のうち、そ

の年分の合計所得金額の見積額が85万円以下の人をいいます。ただし、本人の合計所得金額が900万円を超える場合の配偶者は「源泉控除対象配偶者」から除かれています。

3 「老人控除対象配偶者」とは、控除対象配偶者(同一生計配偶者のうち、本人の合計所得金額が1,000万円以下である人)のうち、年齢70歳以上の人をいいます。

4 「控除対象扶養親族」とは、「扶養親族」のうち、年齢16歳以上の人をいいます。

5 「特定扶養親族」とは、「控除対象扶養親族」のうち、年齢19歳以上23歳未満の人をいいます。

6 「老人扶養親族」とは、「控除対象扶養親族」のうち、年齢70歳以上の人をいいます。

7 「同一生計配偶者」とは、本人と生計を一にする配偶者のうち、その年分の合計所得金額(の見積額)が38万円以下の人をいいます。

8 「扶養親族」とは、本人と生計を一にする配偶者以外の親族のうち、その年分の合計所得金額(の見積額)が38万円以下の人をいいます。

イ 公的年金等の扶養親族等申告書の添付書類

公的年金等の扶養親族等申告書に記載した源泉控除対象配偶者や控除対象扶養親族、源泉控除対象配偶者に該当しない同一生計配偶者又は控除対象扶養親族以外の扶養親族である障害者(特別障害者を含みます。)のうちに、非居住者に該当する人がいる場合には、親族関係書類(第1編第2章 1 の(2)「給与所得者の扶養控除等申告書」参照)を添付して提出する必要があります。

(2) 公的年金等の源泉徴収税額

ア 公的年金の扶養親族等申告書の提出があった場合

支払者に公的年金等の扶養親族等申告書が提出されている場合の公的年金等に対する源泉徴収税額は、次の算式で計算します(所法203の3一)。

$$源泉徴収税額 = \left\{ \begin{array}{c} 公的年金等^{*} \\ の支給金額 \end{array} - \left(\begin{array}{c} 基礎的 \\ 控除額 \end{array} + \begin{array}{c} 人的 \\ 控除額 \end{array} \right)^{**} \times \begin{array}{c} 支給金額の計算の基礎 \\ となった期間の月数 \end{array} \right\} \times 5.105\%^{***}$$

＊支給時に天引きされた社会保険料の額がある場合には、その控除後の金額である。

**（基礎的控除額＋人的控除額）については、例えば、国民年金基金（連合会）が支給する年金や上記 1 の①の国家公務員共済組合法などの規定による退職年金、②の旧国家公務員共済組合法などの規定による退職共済年金は47,500円を差し引いた金額とされるなど、一定の減算が行われるものがある。

***上記 1 の①の国家公務員共済組合法などの規定による退職年金、②のいわゆる職域加算年金やこれと併せて支給される特例厚生年金の額から基礎的控除額と人的控除額とを差し引いた金額が162,500円に月数を乗じた金額を超える場合には、その超える部分の金額については、10.21％の税率が適用される。

（基礎的控除額）

上の算式の基礎的控除額は、公的年金等の支給金額の月割額の25％相当額に65,000円を加算した金額です。ただし、その金額が90,000円に満たない場合は90,000円（年齢65歳以上の人は135,000円に満たない場合は135,000円）とされます（所法203の3一イ、措法41の15の3②）。

（人的控除額）

上の算式の人的控除額は、次表の該当するものの合計額です（所法203の3一ロ～ヘ）。

区分	内容		控除額
本人に関するもの	障害者に該当する場合	一般の障害者	22,500円
		特別障害者	35,000円
	寡婦又は寡夫に該当する場合	一般の寡婦	22,500円
		寡夫	22,500円
		特別の寡婦	30,000円
配偶者及び扶養親族に関するもの	源泉控除対象配偶者がいる場合	一般の源泉控除対象配偶者	32,500円
		老人控除対象配偶者	40,000円
	控除対象扶養親族がいる場合	一般の控除対象扶養親族（1人当たり）	32,500円
		老人扶養親族（1人当たり）	40,000円
		特定扶養親族（1人当たり）	52,500円
	同一生計配偶者又は扶養親族に障害者に該当する人がいる場合	一般の障害者（1人当たり）	22,500円
		特別障害者（1人当たり）	35,000円
		同居特別障害者（1人当たり）	62,500円

イ 公的年金の扶養親族等申告書の提出がなかった場合

　支払者に公的年金等の扶養親族等申告書が提出されていない場合の公的年金等（確定給付企業年金や確定拠出年金など扶養親族等申告書を支払者に提出しないこととされているものを含みます。）に対する源泉徴収税額は、次の算式で計算します（所法203の4）。

$$源泉徴収税額 = \left(公的年金等の支給金額 - 公的年金等の支給金額 \times 25\%\right) \times 10.21\%$$

4 公的年金等と確定申告

　公的年金等については、3で説明したように、受給者が支払者に提出する「公的年金等の扶養親族等申告書」に基づき、人的控除を反映した源泉徴収が行われますが、給与所得のような年末調整が行われるわけではありませんので、年間の税額を精算するためには、確定申告が必要となります。
　ただし、所得税法上、確定申告義務を課されている公的年金等所得者は限定的です。
　以下では、公的年金等の収入がある場合の所得税及び復興特別所得税の確定申告について説明します。

(1) 公的年金等の収入がある場合の確定申告の要否

　序章で説明したように、その年分の公的年金等の雑所得の金額を含む総所得金額等が所得控除の合計額を超える場合で、その超える額（課税総所得金額等）に対する税額が、配当控除額（給与所得者で住宅ローン控除を年末調整で受けている人はその控除額を加えた金額）を超えるときは、原則として、所得税及び復興特別所得税の確定申告の義務があることになっています。
　ただし、公的年金等の収入金額がある場合（公的年金等のうちに外国の年金のようにわが国の源泉徴収の対象とされないものがある場合を除きます。）には、公的年金等の収入金額が400万円以下で、かつ、公的年金等の雑所得以外の所得金額が20万円以下であるときには、確定申告は要しないことになっています（所法121③）。

> 公的年金等の収入がある人は
>
> | 総所得金額等 | > | 所得控除 | ⇒ | 課税総所得金額 | > | 配当控除額＋年末調整で受けた |
> | (公的年金等の雑所得を含む) | | の合計額 | | に対する税額 | | 住宅ローン控除額 |
>
> で、かつ、次のⅰ～ⅲのいずれかに該当する場合に確定申告を要する。
> ⅰ 公的年金等の収入金額 ＞ 400万円である。
> ⅱ 公的年金等のうちに外国の年金などわが国の源泉徴収の対象とならないものがある。
> ⅲ 公的年金等の雑所得以外の所得金額 ＞ 20万円

　なお、確定申告を要しないこととなる公的年金等所得者であっても、年間の税額を精算すると還付を受けることができる場合には、確定申告により税額を精算することになります。

　特に、公的年金等については、人的控除が源泉徴収税額に反映されるとはいえ、年末調整もなく、年金の支払の際に天引きされる社会保険料以外の控除については、何ら反映されませんので、実際に確定申告書を提出すべきかどうかについては、国税庁ホームページの確定申告書作成コーナー等を利用して確定申告書を仮作成してみるのが望ましいと考えられます。

　また、所得税及び復興特別所得税の確定申告をしない場合であっても、個人住民税の計算上適用を受けるべき所得控除がある場合には、個人住民税の申告をすべき場合もあるので、ご注意ください。

> 公的年金等所得者が確定申告を要しない場合であっても、
> ・源泉徴収税額の還付を受けることができる場合には　⇒　確定申告をすべき
> ・個人住民税で適用を受けるべき所得控除がある場合には　⇒　個人住民税の申告をすべき

（2） 確定申告書の記載事項・添付書類等

　確定申告書の記載事項や確定申告書の使用区分、添付書類等、提出先については、第1編第3章の **2** 給与所得者が確定申告を要する場合の（1）～（4）を参照してください。

　なお、公的年金等の収入金額がある人は、原則として、「公的年金等

の源泉徴収票」を確定申告書に添付して提出しなければならないこととされていますが、e-Taxにより確定申告をする場合には、添付を省略することができる特例があります（第1編第3章の 2 の（3）の＜参考＞e-Taxによる確定申告の場合を参照）。

＜参考1＞給与所得と公的年金等がある場合の申告不要制度の適否について

　　給与所得者については、第1編第3章の 1 給与所得者が確定申告を要しない場合（確定申告不要制度）で説明した確定申告不要制度（所法121①）があり、公的年金等所得者については、上の（1）のただし書で説明した公的年金等所得者の確定申告不要制度（所法121③）があります。
　　では、給与所得と公的年金等の両方がある場合における確定申告を要否はどのように考えればよいでしょうか？
これについては、
① 　まず、総所得金額等が所得控除の合計額を超え、その超える額（課税総所得金額等）に対する税額が、配当控除額（給与所得者で住宅ローン控除を年末調整で受けている人はその控除額を加えた金額）を超えるかどうかを確認する。
② 　その上で、第1編第3章の 1 給与所得者が確定申告を要しない場合に該当するかどうかを判定する。該当するのであれば、確定申告を要しないこととなる。
③ 　②に該当しないのであれば、次に、上の（1）のただし書で説明した公的年金等所得者が確定申告を要しない場合に該当するかどうかを判定する。
　　という手順により確定申告の要否を確認すればよいでしょう。いずれか一方の判定で確定申告を要しない場合に該当しないからといって、必ずしも確定申告を要するとは限りませんので、ご注意ください。

＜参考２＞公的年金から天引きされる介護保険料等について

　65歳以上の人の介護保険料については、原則として、老齢基礎年金や老齢厚生年金などの公的年金の支払の際に天引き（特別徴収）されることになっています。
　国民健康保険の被保険者である65歳以上75歳未満の人の国民健康保険料や75歳以上の人が被保険者となる後期高齢者医療保険の保険料についても、同様に、原則として、公的年金から特別徴収されることになっています。
　ただし、国民健康保険料や後期高齢者医療保険料については、被保険者の選択により、普通徴収により自ら指定金融機関で納付するか、口座振替の方法で納付することができることになっています。
　ところで、介護保険料や国民健康保険料、後期高齢者医療保険料については、社会保険料控除の対象とされており、本人の保険料だけでなく生計を一にする配偶者その他の親族の保険料を支払った場合にも、控除の対象とされます。
　しかし、例えば、ご夫婦がともに、老齢基礎年金や老齢厚生年金などの受給者となっている場合、両方の方の年金から介護保険料や後期高齢者医療保険料等が天引き（特別徴収）されますので、仮に、ご夫婦の一方の年金が少額で、生活費の大半を他方の方が負担されている実態にあるようなときも、少額な年金（年額18万円以上のものに限ります。）から天引きされた社会保険料の額については、他方の方の社会保険料控除の対象とはならないことになります。
　なお、上述のとおり、国民健康保険料や後期高齢者医療保険料については、普通徴収による納付を選択することができますので、その選択をすることにより、自らが負担した配偶者等の保険料の額を社会保険料控除の対象とすることが可能になります。

第2章　個人年金と所得税

　老後の生活の糧としての公的な年金を補完する目的で、いわゆる個人年金保険契約等に加入する人が増えています。

　(注)　個人年金保険契約等の加入者の支払う保険料や掛金については、その契約に基づく年金の受取人が加入者本人又はその配偶者である場合に生命保険料控除の対象となる個人年金保険料となります（平成23年以前の契約に係る保険料等については最高5万円、平成24年以後の契約に係る保険料等については最高4万円の控除を受けることができます。）。

　いわゆる個人年金保険契約等に基づき支払を受ける年金（個人年金）については、公的年金等以外の雑所得として課税されます。その所得金額の計算方法は、保険契約者（保険料の負担者）と年金の受取人の関係に応じて異なります。

　この章では、個人年金に係る雑所得の金額の計算や個人年金に係る源泉徴収、個人年金に係る雑所得がある場合の確定申告について説明します。

1 個人年金に係る雑所得の範囲

　個人年金とは、生命保険契約や生命共済契約に基づき契約に定められた受取人が受け取る年金のことであり、契約者（保険料や掛金の負担者）が支払を受ける年金とそれ以外の年金とで課税関係が異なることになっています。後者の年金については、その受取人が保険料や掛金の負担者から年金受給権を相続・贈与等により取得したものとみなされ、その年金受給権が相続税又は贈与税の課税対象とされていることから、相続税又は贈与税の課税対象とされた部分の金額が所得税の課税対象とならないように雑所得の金額の計算が行われることになっています（所令185）。

> （注）　相続・贈与等に取得した年金受給権に基づく年金に係る雑所得の金額について、このような計算方法が平成22年10月20日政令第214号による所得税法施行令の改正で採用されたのは、平成22年7月6日の最高裁判決で、このような調整なしに雑所得の金額を計算することとしていた従前の方法が、相続、遺贈又は個人からの贈与により取得するものに所得税を課さないとする非課税規定（所法9①十六）に抵触するとする判断が示されたことによります。

2 個人年金保険料の負担者が支払を受ける個人年金

(1) 所得金額の計算

　　個人年金保険料の負担者が支払を受ける個人年金に係る雑所得の金額は、その年中に受ける年金の額（その個人年金に係る生命保険契約等に基づき支払を受ける剰余金や割戻金がある場合にはこれらの金額を加算します。）から、その生命保険契約等に基づき支払った保険料や掛金の総額のうちその年中に受ける年金に額に対応する部分の金額を必要経費として差し引いて計算します。

(注)　厳密にいうと、個人年金に係る雑所得の金額は、所得税法上、公的年金等の雑所得のように他の雑所得と別枠で計算することになっているわけではありませんので、その年中に受ける個人年金の額や剰余金、割戻金の額を公的年金等以外の雑所得の金額の計算上総収入金額に算入し、その生命保険契約等に基づき支払った保険料や掛金の総額のうちその年中に受ける年金に額に対応する部分の金額を必要経費に算入するということになります（所令183①）。

```
自らが保険料を負担した個人年金に係る雑所得の金額

個人年金に係る     その年中に      その年中の剰余     支払った保険料・掛金の
雑所得の金額  ＝  受ける年金の額 ＋ 金・払戻金の額  －  総額のうち、その年中に支払を受ける
                                                   年金に対応する部分の金額
```

　　なお、その生命保険契約等に基づき「支払った保険料や掛金の総額のうちその年中に受ける年金に額に対応する部分の金額」はア又はイにより計算します（所令183①二）。

ア　その支払開始の日において支払総額が確定している場合

$$\text{支払った保険料や掛金の総額のうちその年中に受ける年金の額に対応する部分の金額} = \text{支払った保険料や掛金の総額} \times \frac{\text{その年中に受ける年金の額}}{\text{その支払開始日において確定している年金支払総額}}$$

イ　その支払開始の日において支払総額が確定していない場合

$$\text{支払った保険料や掛金の総額のうちその年中に受ける年金の額に対応する部分の金額} = \text{支払った保険料や掛金の総額} \times \frac{\text{その年中に受ける年金の額}}{\text{年金支払総額の見込額}}$$

(注)　「支払った保険料や掛金の総額のうちその年中に受ける年金に額に対応する部分の金額」の計算は、上のア又はイにより計算することになっていますが、生命保険契約等の内容を確認し、それに応じ複雑な計算となることもありますので、確定申告に当たっては、生命保険会社等から送付される雑所得の金額の計算のための計算書等に記載されている金額を確認するのが望ましいでしょう。

(2)　個人年金に対する源泉徴収

個人年金については、その支払の際に、次により計算した所得税及び復興特別所得税の源泉徴収が行われることになっています（所法207、208）。

（個人年金の額－その個人年金の額に対応する保険料又は掛金の額）× 10.21％

ただし、その個人年金の年額からそれに対応する保険料又は掛金の額を控除した残額が25万円未満の場合には、源泉徴収は行われません（所法209 一、所令326 ⑤）。

▎3▎ 相続・贈与等により取得した年金受給権に基づく年金

生命保険契約等に基づく年金のうち、その契約等に係る保険料や掛金の負担者以外の人が受取人となっているものについては、▎1▎で説明したように、その受取人が保険料や掛金の負担者から年金受給権を相続・贈与等により取得したものとみなされることから、「相続・贈与等により取得した年金受給権に基づく年金」といいます。

「相続・贈与等により取得した年金受給権に基づく年金」については、これも▎1▎で説明したように、その年金受給権が相続税又は贈与税の課税対象とされていることから、相続税又は贈与税の課税対象とされた部分の金額が所得税の課税対象とならないように雑所得の金額の計算が行われることになっています（所令185）。その計算方法について、以下で説明をします。

なお、相続・贈与等により取得した年金受給権に基づく年金については、▎2▎の（2）のような源泉徴収は行われません（所法209 二）。

(1) 相続・贈与等により取得した年金受給権に基づく年金の種類

相続・贈与等により取得した年金受給権については、相続税や贈与税の課税対象とされますが、その評価方法に係る相続税法第24条の規定が平成22年度の税制改正で改正されました。このため、年金受給権について、この改正前と改正後のいずれの評価方法によって相続税や贈与税の課税対象とされているかにより、その年金受給権に基づく年金の所得税の課税対象となる部分の金額が変わってきます。

(注) 平成22年度の税制改正後の相続税法第24条の規定は、平成23年4月以後の相続・贈与等により取得した年金受給権について適用されています。したがって、同年3月以前の相続・贈与等により取得した年金受給権については改正前の規定が適用されています。

相続・贈与等により取得した年金受給権に基づく年金のうち、その年金受給権の評価が平成22年度の改正前の相続税法第24条の規定の対象となっているものを旧相続税法対象年金、改正後の相続税法第

24条の規定の対象となっているものを新相続税法対象年金といいます。

なお、旧相続税法対象年金と新相続税法対象年金には、それぞれ、次のア～オの確定年金や終身年金、有期年金、特定終身年金、特定有期年金という種類があります。

ア 確定年金（所令185①一） 年金支払開始日に年金の支払総額が確定している年金

イ 終身年金（所令185①二） 年金支払開始日に年金の支払総額が確定していない年金のうち、終身の年金で契約対象者（＝その年金の支払に係る生命保険契約等でその生存が年金支払の条件とされている人）の生存中に限り支払われるもの

ウ 有期年金（所令185①三） 年金支払開始日において支払総額が確定していない年金のうち、有期の年金で契約対象者が契約で定められた支払期間内に死亡した場合には年金の支払を行わないもの

エ 特定終身年金（所令185①四） 年金支払開始日において支払総額が確定していない年金のうち、終身の年金で、契約対象者の生存中支払われるほか、契約対象者が契約で定められた保証期間内に死亡した場合にはその死亡後、保証期間の終了の日までその支払が継続されるもの

オ 特定有期年金（所令185①五） 年金支払開始日において支払総額が確定していない年金のうち、有期の年金で、契約対象者が契約で定められた保証期間内に死亡した場合にはその死亡後、保証期間の終了の日までその支払が継続されるもの

（2） 旧相続税法対象年金に係る所得金額の計算

旧相続税法対象年金に係る所得金額は、年金の残存期間や年金の受取人の年齢、年金の支給総額（又はその見込額）に基づいて「相続等に係る生命保険契約等に基づく年金の雑所得の金額の計算書」（巻末

参考資料17）により計算します。

　この計算書の作成のために必要な情報（年金の種類を含みます。）は、生命保険会社等から送付される明細書等に記載されていますので、その内容を確認して作成するといいでしょう。

　なお、国税庁ホームページの確定申告書作成コーナーにおける雑所得の入力項目の中の相続等に係る生命保険契約等に基づく年金に関する事項の入力を行うことにより、「相続等に係る生命保険契約等に基づく年金の雑所得の金額の計算書」を容易に作成できるようになっています。

(3) 新相続税法対象年金に係る所得金額の計算

　新相続税法対象年金に係る所得金額は、年金の残存期間や年金の受取人の年齢、年金の支給総額（又はその見込額）のほか、年金受給権相続税法第24条の規定による評価額に基づいて「相続等に係る生命保険契約等に基づく年金の雑所得の金額の計算書（所得税法施行令第185条第2項又は第186条第2項に基づき計算する場合）」（巻末参考資料18）により計算します。

　この計算書の作成のために必要な情報（年金の種類を含みます。）についても、上の（2）と同様に、生命保険会社等から送付される明細書等に記載されていますので、その内容を確認して作成するといいでしょう。

　また、「相続等に係る生命保険契約等に基づく年金の雑所得の金額の計算書（所得税法施行令第185条第2項又は第186条第2項に基づき計算する場合）」についても、国税庁ホームページの確定申告書作成コーナーにおける雑所得の入力項目の中の相続等に係る生命保険契約等に基づく年金に関する事項の入力を行うことにより、容易に作成できるようになっています。

4　個人年金に係る雑所得と確定申告

（1）　個人年金に係る雑所得がある人の確定申告の要否

　所得税法上、所得税及び復興特別所得税の確定申告を要することとされているのは、**序章の 5 申告納税制度と所得税の申告義務**で説明したとおり、その年分の総所得金額等が所得控除の合計額を超える場合で、その超える額（課税総所得金額等）に対する税額が、配当控除額（給与所得者で住宅ローン控除を年末調整で受けている人はその控除額を加えた金額）を超えるときです。

　したがって、個人年金に係る雑所得がある人も、これに該当すれば、所得税及び復興特別所得税の確定申告を要することになります。

個人年金に係る雑所得がある人の確定申告の要否の判定

| 総所得金額等（個人年金に係る雑所得を含む） | ＞ | 所得控除の合計額 | ⇒ | 課税総所得金額に対する税額 | ＞ | 配当控除額 ＋ 年末調整で受けた住宅ローン控除額 |

に該当する場合、原則として、確定申告を要することになる。
※ただし、給与所得者の確定申告を要しない場合や公的年金等所得者の確定申告を要しない場合に該当することがあり得る。

（2）　個人年金に係る雑所得がある人の確定申告を要しない場合と注意点

　個人年金に係る雑所得がある人が（1）で説明した確定申告を要する場合に該当しても、メインの所得が給与所得で、**第1編第3章の 1 給与所得者が確定申告を要しない場合（確定申告不要制度）**で示した条件に該当するときやメインの所得が公的年金等で、その収入金額が400万円以下（そのすべてが所得税及び復興特別所得税の源泉徴収の対象となるものである場合に限ります。）であって、公的年金等の雑所得以外の所得金額が20万円以下のとき（**第1章の 4 の（1）公的年金等の収入がある場合の確定申告の要否**参照）は、確定申告を要しないことになります。

　例えば、給与の支払を受ける勤務先が1か所で、その給与につい

て年末調整を受けており、かつ、個人年金に係る雑所得の金額が20万円以下で、そのほかに申告すべき所得がない場合には、確定申告を要しません。

　ただし、個人年金に係る雑所得がある人が確定申告を要しない場合に該当して確定申告をしなかった場合、給与や公的年金等、個人年金の支払を受ける際に源泉徴収された所得税及び復興特別所得税の額を精算することができないことになります。むしろ、確定申告をした方が源泉徴収税額の還付を受けることができることもあり得ます。**第1章の 4 の（1）公的年金等の収入がある場合の確定申告の要否**で説明しているのと同様、実際に確定申告書を提出すべきかどうかについて、国税庁ホームページの確定申告書作成コーナー等を利用して確定申告書を仮作成してみるのが望ましいと考えられます。

　なお、所得税及び復興特別所得税の確定申告を要しない場合であっても、個人住民税の申告が必要となったり、個人住民税の申告をすることにより、個人住民税の計算上、所得控除の適用を受けることにより税額が軽減されたりすることがありますので、注意が必要です。

＜参考＞　個人年金を繰り上げて一時金の支払を受ける場合

　個人年金契約に基づいて支払を受ける年金が公的年金等以外の雑所得として課税されることについては、上で説明したとおりですが、年金の受給権者が年金の支払に代えて一時金の支払を受けることを選択した場合、年金の受給開始前の段階であれば、その一時金は、雑所得ではなく、一時所得として課税されることになります。
　また、年金の受給開始後であっても、支払を受ける一時金が将来の年金給付の総額に代えて支払われるものである場合には、その一時金は一時所得として課税されることになっています（所基通35－3）。

年金受給権者が年金に代えて支払を受ける一時金

年金の支払開始日以前に支払われるもの		一時所得
年金の支払開始日後に支払われるもの	将来の年金給付の総額に代えて支払われるもの	一時所得
	上記以外のもの	雑所得

　この「将来の年金給付の総額に代えて支払われるもの」というのは、その後に支払われることになっている年金の原資になる金額のことを指すのであり、年金として支給を受けることになるであろう金額の合計額のことをいうわけではありません。
　したがって、以後支給を受ける予定の年金を繰り上げ、一括して一時金の支払を受けるというような場合には、その一時金は一時所得として課税されることになります。この場合、保険料等の金額のうち、既に支払を受けた年金に係る雑所得の金額の計算上差し引いた金額の合計額を除く部分の金額を、一時所得の金額の計算上差し引くことになります。

第4編

確定申告書の記載例

第4編　確定申告書の記載例

　第4編では、序章から第3編で説明した内容を踏まえた設例に基づき、所得税及び復興特別所得税の確定申告書の記載例を紹介します。

　(注)　平成30年分から使用する様式にはやや異なる箇所もありますが、記載例の説明には影響ありません。

≪設例1≫
　会社員が退職し、フリーライター(フリーランス)の仕事を始めた場合
　東　太郎（ヒガシ　タロウ）

○　給与所得
　「給与所得の源泉徴収票」のとおり。
　　＊　年の中途で退職（6月30日）のため、年末調整されていない。

○　事業所得（ライター・フリーランス）
　＊　青色申告の承認申請はしていない（白色申告）。
　・　総収入金額（収入先5か所）　　2,300,000円
　・　必要経費
　　　家賃　　　　　　　　　　　240,000円
　　　（自宅家賃　月額120,000円　1/3を事業用に使用　40,000円×6か月）
　　　光熱費　　　　　　　　　　58,800円
　　　（自宅電気代6か月の1/2）
　　　通信費　　　　　　　　　　56,250円
　　　交通費　　　　　　　　　　31,500円
　　　消耗品費　　　　　　　　　40,500円
　　　雑費　　　　　　　　　　　168,000円
　　　（事業用PC、備品など少額減価償却資産購入費）

○　所得控除
　・　社会保険料控除（源泉徴収票記載分以外）
　　　国民健康保険料　　　　　　86,150円

　　　　国民年金保険料　　　　　　　98,040円
・　生命保険料控除
　　　　旧生命保険料（一般）　　　　108,000円

※退職所得については、申告不要（所法121②）

≪設例1≫

平成 30 年分の 所得税及び復興特別所得税 の 申告書B 第一表

整理番号: FA0123

住所又は事業所事務所など: 〒○○○-○○○○　○○市○○町3-○

個人番号: ××××××××××××
フリガナ: ヒガシ タロウ
氏名: 東 太郎
性別: 男
職業: ライター
世帯主の氏名: 東 太郎
世帯主との続柄: 本人
生年月日: 3 47 01 23
電話番号: 自宅　090-2345-6789

収入金額等（単位は円）

項目	種類	金額
事業 営業等	⑦	2300000
事業 農業	⑧	
不動産	⑨	
利子	⑩	
配当	⑪	
給与	⑫	3687990
雑 公的年金等	⑬	
雑 その他	⑭	
総合譲渡 短期	⑮	
総合譲渡 長期	⑯	
一時	⑰	

所得金額

事業 営業等 ①	1704950
事業 農業 ②	
不動産 ③	
利子 ④	
配当 ⑤	
給与 ⑥	2407200
雑 ⑦	
総合譲渡・一時 ⑧	
合計 ⑨	4112150

所得から差し引かれる金額

雑損控除 ⑩	
医療費控除 ⑪	
社会保険料控除 ⑫	510343
小規模企業共済等掛金控除 ⑬	
生命保険料控除 ⑭	50000
地震保険料控除 ⑮	
寄附金控除 ⑯	
寡婦、寡夫控除 ⑱	0000
勤労学生、障害者控除 ⑲⑳	0000
配偶者(特別)控除 ㉑㉒	0000
扶養控除 ㉓	0000
基礎控除 ㉔	380000
合計 ㉕	940343

税金の計算

課される所得金額 (⑨-㉕) ㉖	3171000
上の㉖に対する税額 ㉗	219600
配当控除 ㉘	
(特定増改築等)住宅借入金等特別控除 ㉚	
政党等寄附金等特別控除	
住宅耐震改修特別控除等	
差引所得税額 ㊳	219600
災害減免額 ㊴	
再差引所得税額(基準所得税額) ㊵	219600
復興特別所得税額 (㊵×2.1%) ㊶	4611
所得税及び復興特別所得税の額 (㊵+㊶) ㊷	224211
外国税額控除 ㊸	
所得税及び復興特別所得税の源泉徴収税額 ㊹	229140
所得税及び復興特別所得税の申告納税額 ㊺	-4929
所得税及び復興特別所得税の予定納税額(第1期分・第2期分) ㊻	
所得税及び復興特別所得税の第3期分の税額 納める税金 ㊼	00
〃 還付される税金 ㊽	4929

その他

配偶者の合計所得金額 ㊾	
専従者給与(控除)額の合計額 ㊿	
青色申告特別控除額 ㊱	
雑所得・一時所得等の所得税及び復興特別所得税の源泉徴収税額の合計額 ㊲	
未納付の所得税及び復興特別所得税の源泉徴収税額 ㊳	
本年分で差し引く繰越損失額 ㊴	
平均課税対象金額 ㊵	
変動・臨時所得金額 ㊶	

延納の届出

申告期限までに納付する金額 ㊷	00
延納届出額 ㊸	000

還付される税金の受取場所: ○○　郵便局　△△△
預金種類: 普通
口座番号: ○×△○○×△

第4編 確定申告書の記載例

平成30年分の所得税及び復興特別所得税の確定申告書B

整理番号: FA0077

住所: ○○市○○町3-○
氏名: 東 太郎 (ヒガシ タロウ)

○ 所得の内訳（所得税及び復興特別所得税の源泉徴収税額）

所得の種類	種目・所得の生ずる場所又は給与などの支払者の氏名・名称	収入金額	所得税及び復興特別所得税の源泉徴収税額
給与	○○企画㈱ 文京区○○2-○-○	3,687,990円	229,140円
	(44) 所得税及び復興特別所得税の源泉徴収税額の合計額		229,140円

○ 雑所得（公的年金等以外）、総合課税の配当所得・譲渡所得、一時所得に関する事項

所得の種類	種目・所得の生ずる場所	収入金額	必要経費等	差引金額
		円	円	円

○ 特例適用条文等

○ 所得から差し引かれる金額に関する事項

⑩ 雑損控除
損害の原因	損害年月日	損害を受けた資産の種類など
	. .	

損害金額: 円　保険金などで補填される金額: 円　差引損失額のうち災害関連支出の金額: 円

⑪ 医療費控除
支払医療費等: 円　保険金などで補填される金額: 円

⑫ 社会保険料控除
社会保険の種類	支払保険料
源泉徴収票のとおり	326,153円
国民健康保険	86,150
国民年金	98,040
合計	510,343

⑬ 小規模企業共済等掛金控除
掛金の種類	支払掛金
	円

⑭ 生命保険料控除
新生命保険料の計: 円　旧生命保険料の計: 108,000円
新個人年金保険料の計: 円　旧個人年金保険料の計: 円
介護医療保険料の計: 円

⑮ 地震保険料控除
地震保険料の計: 円　旧長期損害保険料の計: 円

⑯ 寄附金控除
寄附先の所在地・名称: 　寄附金: 円

⑰〜⑲ 本人該当事項
□寡婦（寡夫）控除　□死別　□生死不明　□勤労学生控除　学校名
□離婚　□未帰還

⑳〜㉒ 配偶者（特別）控除
配偶者の氏名　生年月日　明・大　昭・平　□配偶者控除　□配偶者特別控除
個人番号　　　　　　　　　　　　　　　　　　国外居住

㉓ 扶養控除
控除対象扶養親族の氏名	続柄	生年月日	控除額
		明・大 昭・平	万円
		明・大 昭・平	万円
		明・大 昭・平	万円

㉓ 扶養控除額の合計

○ 事業専従者に関する事項

事業専従者の氏名	個人番号	続柄	生年月日	従事月数・程度・仕事の内容	専従者給与(控除)額
			明・大 昭・平		
			明・大 昭・平		

㊿ 専従者給与(控除)額の合計額

○ 住民税・事業税に関する事項

住民税
16歳未満の扶養親族 氏名	個人番号	続柄	生年月日	別居の場合の住所	寄附金税額控除
			平 . .		都道府県、市区町村分
			平 . .		住所地の条例指定分
			平 . .		都道府県 市区町村

配当に関する住民税の特例　非居住者の特例　給与・公的年金等に係る所得以外（平成30年4月1日において65歳未満の方）に係る所得に係る住民税の徴収方法の選択　給与から差し引き／自分で納付
配当割額控除額　株式等譲渡所得割額控除額

事業税
非課税所得など　番号　所得　損益通算の特例適用前の不動産所得　前年中の開(廃)業　開始・廃止　月日
不動産所得から差し引いた青色申告特別控除額　　事業用資産の譲渡損失など　　他都道府県の事務所等

別居の控除対象配偶者・控除対象扶養親族・事業専従者の氏名・住所　氏名　住所　所得税で控除対象配偶者などとした専従者　氏名　給与　一連番号

≪設例1≫

平成 30 年分収支内訳書（一般用）

FA0303

住所　○○市○○町3-○
事業所所在地
フリガナ　ヒガシ　タロウ
氏名　東　太郎　㊞
電話（自宅）090-2345-6789
加入団体名
業種名　ライター　屋号

事務所所在地
氏名（名称）
税理士（名称）
電話番号

（自 1月 1日 至 12月 31日）

科目	金額 (円)		科目	金額 (円)
売上（収入）金額 ①	2300000		旅費交通費 ㋑	31500
家事消費 ②			通信費 ㋺	56250
その他の収入 ③		そ	接待交際費 ㋩	
計（①+②+③）④	2300000	の	損害保険料 ㋥	
期首商品（製品）棚卸高 ⑤		他	修繕費 ㋭	
仕入金額（製品製造原価）⑥	2300000	の	消耗品費 ㋬	40500
小計（⑤+⑥）⑦		経	福利厚生費 ㋣	
期末商品（製品）棚卸高 ⑧		費		
差引原価（⑦-⑧）⑨				
差引金額（④-⑨）⑩			雑費 ㋠	
給料賃金 ⑪			小計 ㋷	168000
外注工賃 ⑫			計（⑩+㋷+⑬～⑲）⑳	355050
減価償却費 ⑬	240000		専従者控除前の所得金額（④-⑳）㉑	595050
貸倒金 ⑭			専従者控除 ㉒	1704950
地代家賃 ⑮			所得金額（㉑-㉒）㉓	1704950
利子割引料 ⑯				
租税公課 ⑰	58800			
荷造運賃 ⑱				
水道光熱費 ⑲				

○給料賃金の内訳
○税理士・弁護士等の報酬・料金の内訳
○事業専従者の氏名等

【税務署整理欄】

- 1 -

平成30年分 給与所得の源泉徴収票

支払を受ける者	住所又は居所	○○市○○町3-○
	(受給者番号)	
	(個人番号)	××××××××××××
	(役職名)	
	氏名 (フリガナ) ヒガシ タロウ	東 太郎

種別	支払金額	給与所得控除後の金額	所得控除の額の合計額	源泉徴収税額
給料・賞与	内 3,687,990 円	円	円	229,140 円

(源泉)控除対象配偶者の有無等		配偶者(特別)控除の額	控除対象扶養親族の数 (配偶者を除く。)				16歳未満扶養親族の数	障害者の数 (本人を除く。)		非居住者である親族の数
有	従有	老人		特定	老人	その他		特別	その他	
		千 円	人 従人	内 人	従人	人 従人	人	内 人	人	人

社会保険料等の金額	生命保険料の控除額	地震保険料の控除額	住宅借入金等特別控除の額
内 326,153 円	円	円	円

(摘要)

生命保険料の金額の内訳	新生命保険料の金額		旧生命保険料の金額	円	介護医療保険料の金額	円	新個人年金保険料の金額	円	旧個人年金保険料の金額	円
住宅借入金等特別控除の額の内訳	住宅借入金等特別控除適用数		居住開始年月日(1回目)	年 月 日	住宅借入金等特別控除区分(1回目)		住宅借入金等年末残高(1回目)			
	住宅借入金等特別控除可能額		居住開始年月日(2回目)	年 月 日	住宅借入金等特別控除区分(2回目)		住宅借入金等年末残高(2回目)			

(源泉・特別)控除対象配偶者	(フリガナ) 氏名		区分	配偶者の合計所得		国民年金保険料等の金額		旧長期損害保険料の金額	円
	個人番号								

控除対象扶養親族	1	(フリガナ) 氏名	区分	16歳未満の扶養親族	1	(フリガナ) 氏名	区分	備考
		個人番号						
	2	(フリガナ) 氏名	区分		2	(フリガナ) 氏名	区分	
		個人番号						
	3	(フリガナ) 氏名	区分		3	(フリガナ) 氏名	区分	
		個人番号						
	4	(フリガナ) 氏名	区分		4	(フリガナ) 氏名	区分	
		個人番号						

未成年者	外国人	死亡退職	災害者	乙欄	本人が障害者		寡婦		寡夫	勤労学生	中途就・退職				受給者生年月日			
					特別	その他	一般	特別			就職 退職	年	月	日	明 大 昭 平	年	月	日
											○ 30	6	30					

支払者	個人番号又は法人番号	○○○○○○○○○○○○ (右詰で記載してください。)
	住所(居所)又は所在地	文京区○○ 2-○-○
	氏名又は名称	○○企画株式会社 (電話)

整理欄

≪設例2≫
会社員に副業のアルバイト収入(給与)がある場合
西山　一男(ニシヤマ　カズオ)

○　給与所得
・　主たる給与(年末調整済)
「給与所得の源泉徴収票」①のとおり。
＊所得控除については、年末調整で受けたもの以外にない。

・　従たる給与(アルバイト分・乙欄適用)
「給与所得の源泉徴収票」②のとおり。

第4編 確定申告書の記載例

平成30年分の所得税及び復興特別所得税の申告書B 第一表

税務署長: ○○
住所: ○○市○○町1-○-○ 〒○○○-○○○○
氏名: 西山 一男（フリガナ：ニシヤマ カズオ）
性別: 男
職業: 会社員
世帯主の氏名: 西山 一男
世帯主との続柄: 本人
生年月日: 3 50.10.15
電話番号: 000-1234-5000（自宅）
整理番号: FA0123

収入金額等（単位：円）

事業 営業等	㋐	
事業 農業	㋑	
不動産	㋒	
利子	㋓	
配当	㋔	
給与	㋕	7,472,500
雑 公的年金等	㋖	
雑 その他	㋗	
総合譲渡 短期	㋘	
総合譲渡 長期	㋙	
一時	㋚	

所得金額

項目	番号	金額
事業 営業等	①	
事業 農業	②	
不動産	③	
利子	④	
配当	⑤	
給与	⑥	5,525,250
雑	⑦	
総合譲渡・一時 ㋘＋{（㋙＋㋚）×½}	⑧	
合計	⑨	5,525,250

所得から差し引かれる金額

項目	番号	金額
雑損控除	⑩	
医療費控除	⑪	
社会保険料控除	⑫	1,026,129
小規模企業共済等掛金控除	⑬	
生命保険料控除	⑭	110,000
地震保険料控除	⑮	20,000
寄附金控除	⑯	
寡婦、寡夫控除	⑱	0,000
勤労学生、障害者控除		0,000
配偶者（特別）控除	㉑-㉒	380,000
扶養控除	㉓	380,000
基礎控除	㉔	380,000
合計	㉕	2,296,129

税金の計算

項目	番号	金額
課税される所得金額（⑨−㉕）又は第三表	㉖	3,229,000
上の㉖に対する税額又は第三表の	㉗	225,400
配当控除	㉘	
（特定増改築等）住宅借入金等特別控除	㉚	
政党等寄附金等特別控除		
住宅耐震改修特別控除等		
差引所得税額	㊳	225,400
災害減免額	㊴	
再差引所得税額（基準所得税額）（㊳−㊴）	㊵	225,400
復興特別所得税額（㊵×2.1%）	㊶	4,733
所得税及び復興特別所得税の額（㊵+㊶）	㊷	230,133
外国税額控除	㊸	
所得税及び復興特別所得税の源泉徴収税額	㊹	193,472
所得税及び復興特別所得税の申告納税額	㊺	36,600
所得税及び復興特別所得税の予定納税額（第1期分・第2期分）	㊻	
所得税及び復興特別所得税の第3期分の税額 納める税金	㊼	36,600
所得税及び復興特別所得税の第3期分の税額 還付される税金	㊽	

その他

項目	番号	金額
配偶者の合計所得金額	㊾	
専従者給与（控除）額の合計額	㊿	
青色申告特別控除額	51	
雑所得・一時所得等の所得税及び復興特別所得税の源泉徴収税額の合計額	52	
未納付の所得税及び復興特別所得税の源泉徴収税額	53	
本年分で差し引く繰越損失額	54	
平均課税対象金額	55	
変動・臨時所得金額	56	

延納の届出

項目	番号	金額
申告期限までに納付する金額	57	00
延納届出額	58	000

復興特別所得税額の記入をお忘れなく。

平成 30 年分の 所得税及び復興特別所得税 の確定申告書B

整理番号: _____ FA0077

住所・氏名
住所: ○○市○○町1-○-○
フリガナ: ニシヤマ カズオ
氏名: 西山 一男

○ 所得の内訳（所得税及び復興特別所得税の源泉徴収税額）

所得の種類	種目・所得の生ずる場所又は給与などの支払者の氏名・名称	収入金額	所得税及び復興特別所得税の源泉徴収税額
給与	中央商事株式会社 中央区○○ ○-○-○	6,872,500	175,100
給与	株式会社□□システム 中央区△△ ○-○-○	600,000	18,372
	㊹ 所得税及び復興特別所得税の源泉徴収税額の合計額		193,472

○ 雑所得（公的年金等以外）、総合課税の配当所得・譲渡所得、一時所得に関する事項

所得の種類	種目・所得の生ずる場所	収入金額	必要経費等	差引金額

○ 特例適用条文等

○ 所得から差し引かれる金額に関する事項

⑩ 雑損控除: 損害の原因／損害年月日／損害を受けた資産の種類など／損害金額／保険金などで補填される金額／差引損失額のうち災害関連支出の金額

⑪ 医療費控除: 支払医療費等 ／ 保険金などで補填される金額

⑫ 社会保険料控除:
- 支払保険料: 源泉徴収票のとおり 1,026,129
- 合計 1,026,129

⑬ 小規模企業共済等掛金控除: 掛金の種類／支払掛金／合計

⑭ 生命保険料控除:
- 新生命保険料の計 90,000
- 旧生命保険料の計
- 新個人年金保険料の計 80,000
- 旧個人年金保険料の計
- 介護医療保険料の計 40,000

⑮ 地震保険料控除: 源泉徴収票のとおり ／ 旧長期損害保険料の計

⑯ 寄附金控除: 寄附先の所在地・名称 ／ 寄附金

⑰⑱⑲ □寡婦（寡夫）控除 □勤労学生控除
□死別 □生死不明 （学校名）
□離婚 □未帰還

㉑㉒ 配偶者（特別）控除

配偶者の氏名	生年月日	☑配偶者控除 □配偶者特別控除
西山三江	明・大 ☑昭 平 53.2.5	
個人番号: ××××××××××××		□国外居住

㉓ 扶養控除

控除対象扶養親族の氏名	続柄	生年月日	控除額
西山一平	子	明・大・昭 ☑平 12.4.26	38万円
個人番号: ××××××××××××			□国外居住
		明・大・昭・平	万円
		明・大・昭・平	万円

㉓ 扶養控除額の合計 38万円

○ 事業専従者に関する事項

事業専従者の氏名	個人番号	続柄	生年月日	従事月数・程度・仕事の内容	専従者給与（控除）額
			明・大 昭・平		
			明・大 昭・平		

㊿ 専従者給与（控除）額の合計額

○ 住民税・事業税に関する事項

住民税

16歳未満の扶養親族の氏名	個人番号	続柄	生年月日	別居の場合の住所	寄附金税額控除
			平		都道府県、市区町村／住所地の共同募金会、日本赤十字社の支部／条例指定分（都道府県）／条例指定分（市区町村）
			平		

配当に関する住民税の特例 ／ 非居住者の特例 ／ 給与・公的年金に係る所得以外（平成30年4月1日において65歳未満の方は給与所得以外）の所得に係る住民税の徴収方法の選択: □給与から差引き ／ □自分で納付

配当割額控除額 ／ 株式等譲渡所得割額控除額

事業税

非課税所得など／所得税で控除対象配偶者などとした専従者／不動産所得から差し引いた青色申告特別控除額／事業用資産の譲渡損失など／前年中の開（廃）業 開始・廃止／他都道府県の事務所等／所得金額／損益通算の特例適用前の不動産所得／給与／一連番号

別居の控除対象配偶者・控除対象扶養親族・事業専従者の氏名・住所

平成30年分 給与所得の源泉徴収票

支払を受ける者	住所又は居所	○○市○○町1-○-○		個人番号	××××××××××××
				(役職名)	
				氏名 (フリガナ) ニシヤマ カズオ	西山 一男

種別	支払金額	給与所得控除後の金額	所得控除の額の合計額	源泉徴収税額
給料・賞与	内 6,872,500	4,985,250	2,296,129	内 175,100

(源泉)控除対象配偶者の有無等		配偶者(特別)控除の額	控除対象扶養親族の数(配偶者を除く。)				16歳未満扶養親族の数	障害者の数(本人を除く。)		非居住者である親族の数
有	従有	老人	千円	特定	老人 内 従人	その他 従人		特別 内 人	その他 人	人

社会保険料等の金額	生命保険料の控除額	地震保険料の控除額	住宅借入金等特別控除の額
内 1,026,129	110,000	20,000	

(摘要)

生命保険料の金額の内訳	新生命保険料の金額	90,000	旧生命保険料の金額		介護医療保険料の金額	40,000	新個人年金保険料の金額	80,000	旧個人年金保険料の金額	
住宅借入金等特別控除の額の内訳	住宅借入金等特別控除適用数		居住開始年月日(1回目)	年 月 日	住宅借入金等特別控除区分(1回目)		住宅借入金等年末残高(1回目)			
	住宅借入金等特別控除可能額		居住開始年月日(2回目)	年 月 日	住宅借入金等特別控除区分(2回目)		住宅借入金等年末残高(2回目)			

(源泉・特別)控除対象配偶者	(フリガナ) ニシヤマ ミエ	区分		配偶者の合計所得	0	国民年金保険料等の金額		旧長期損害保険料の金額	
	氏名 西山 三江								
	個人番号 ××××××××××××								

控除対象扶養親族	1	(フリガナ) ニシヤマ イッペイ	区分		16歳未満の扶養親族	1	(フリガナ)	区分	(備考)
		氏名 西山 一平					氏名		
		個人番号 ××××××××××××							
	2	(フリガナ)	区分			2	(フリガナ)	区分	
		氏名					氏名		
		個人番号							
	3	(フリガナ)	区分			3	(フリガナ)	区分	
		氏名					氏名		
		個人番号							
	4	(フリガナ)	区分						
		氏名							
		個人番号							

未成年者	外国人	死亡退職	災害者	乙欄	本人が障害者 特別 その他	寡婦 特別 一般	寡夫	勤労学生	中途就・退職 就職 退職 年 月 日	受給者生年月日 明 大 昭 平 年 月 日

(税務署提出用)	支払者	個人番号又は法人番号	○○○○○○○○○○○ (右詰で記載してください。)
		住所(居所)又は所在地	中央区○○1-○-○
		氏名又は名称	中央商事株式会社 (電話)
	整理欄		

≪設例2≫

平成30年分　給与所得の源泉徴収票

支払を受ける者	住所又は居所	○○市○○町1-○-○		(受給者番号)										
				(個人番号)	×	×	×	×	×	×	×	×	×	×
				(役職名)										
				氏名	(フリガナ) ニシヤマ　カズオ 西山　一男									

種別	支払金額	給与所得控除後の金額	所得控除の額の合計額	源泉徴収税額
給与	内　　　　千　　　　円 600　000	千　　　　円	千　　　　円	内　　　　千　　　　円 18　372

(源泉)控除対象配偶者の有無等		配偶者(特別)控除の額	控除対象扶養親族の数 (配偶者を除く。)						16歳未満扶養親族の数	障害者の数 (本人を除く。)		非居住者である親族の数
			特定		老人		その他			特別	その他	
有	従有	老人			内					内		
		千　円	人	従人	内	人	従人	人	人	内　　人	人	人

社会保険料等の金額	生命保険料の控除額	地震保険料の控除額	住宅借入金等特別控除の額
内　　千　　円	千　　円	千　　円	千　　円

(摘要)

生命保険料の金額の内訳	新生命保険料の金額	円	旧生命保険料の金額	円	介護医療保険料の金額	円	新個人年金保険料の金額	円	旧個人年金保険料の金額	円
住宅借入金等特別控除の額の内訳	住宅借入金等特別控除適用数		居住開始年月日(1回目)	年　月　日	住宅借入金等特別控除区分(1回目)		住宅借入金等年末残高(1回目)	円		
	住宅借入金等特別控除可能額	円	居住開始年月日(2回目)	年　月　日	住宅借入金等特別控除区分(2回目)		住宅借入金等年末残高(2回目)	円		

(源泉・特別)控除対象配偶者	(フリガナ) 氏名		区分		配偶者の合計所得		国民年金保険料等の金額		旧長期損害保険料の金額	
	個人番号									

控除対象扶養親族	1	(フリガナ) 氏名	区分	16歳未満の扶養親族	1	(フリガナ) 氏名	区分	(備考)
		個人番号						
	2	(フリガナ) 氏名	区分		2	(フリガナ) 氏名	区分	
		個人番号						
	3	(フリガナ) 氏名	区分		3	(フリガナ) 氏名	区分	
		個人番号						
	4	(フリガナ) 氏名	区分		4	(フリガナ) 氏名	区分	
		個人番号						

未成年者	外国人	死亡退職	災害者	乙欄	本人が障害者		寡婦		寡夫	勤労学生	中途就・退職				受給者生年月日				
					特別	その他	一般	特別			就職	退職	年	月	日	明	大	昭	平	年　月　日
				○																

税務署提出用	支払者	個人番号又は法人番号	○○○○○○○○○○ (右詰で記載してください。)
		住所(居所)又は所在地	中央区△△　○-○-○
		氏名又は名称	株式会社□□システム　　(電話)
	整理欄		

≪設例3≫
会社員が副業（CAD操作個人指導）をしている場合
中林　二郎（ナカバヤシ　ジロウ）

○　給与所得
「給与所得の源泉徴収票」のとおり。
　＊　所得控除等については、年末調整で受けたもの以外にない。

○　雑所得（CAD操作個人指導）
　＊　不特定多数の人を指導しているので、家内労働者等に該当しない。
・　総収入金額　　　　　　　　　450,000円
・　必要経費
　　通信費　　　　　　　　　　　 18,000円
　　交通費　　　　　　　　　　　 24,000円
　　消耗品費　　　　　　　　　　 52,000円
　　広告宣伝費　　　　　　　　　 15,000円

≪設例3≫ 189

平成30年分の所得税及び復興特別所得税の申告書B

FA0123

住所: ○○市○○町△-△-△
フリガナ: ナカバヤシ ジロウ
氏名: 中林 二郎
性別: 男
職業: 会社員
世帯主の氏名: 中林 一郎
続柄: 本人
生年月日: 3.48.03.23
電話番号: 自宅 080-9876-3000

収入金額等
事業 営業等 ㋐	
事業 農業 ㋑	
不動産 ㋒	
利子 ㋓	
配当 ㋔	
給与 ㋕	6,785,250
雑 公的年金等 ㋖	
雑 その他 ㋗	450,000
総合譲渡 短期 ㋘	
総合譲渡 長期 ㋙	
一時 ㋚	

所得金額
事業 営業等 ①	
事業 農業 ②	
不動産 ③	
利子 ④	
配当 ⑤	
給与 ⑥	4,906,725
雑 ⑦	341,000
総合譲渡・一時 ⑧	
合計 ⑨	5,247,725

所得から差し引かれる金額
雑損控除 ⑩	
医療費控除 ⑪	
社会保険料控除 ⑫	978,535
小規模企業共済等掛金控除 ⑬	
生命保険料控除 ⑭	120,000
地震保険料控除 ⑮	25,000
寄附金控除 ⑯	
寡婦、寡夫控除 ⑱	0,000
勤労学生、障害者控除 ⑲⑳	0,000
配偶者(特別)控除 ㉑㉒	0,000
扶養控除 ㉓	380,000
基礎控除 ㉔	380,000
合計 ㉕	1,883,535

税金の計算
課税される所得金額 ㉖	3,364,000
上の㉖に対する税額 ㉗	245,300
配当控除 ㉘	
㉙	
(特定増改築等)住宅借入金等特別控除 ㉚	156,800
政党等寄附金等特別控除 ㉛～㉝	
住宅耐震改修特別控除等 ㊱～㊲	
差引所得税額 ㊳	88,500
災害減免額 ㊴	
再差引所得税額(基準所得税額) ㊵	88,500
復興特別所得税額 (㊵×2.1%) ㊶	1,858
所得税及び復興特別所得税の額 ㊷	90,358
外国税額控除 ㊸	
所得税及び復興特別所得税の源泉徴収税額 ㊹	49,000
所得税及び復興特別所得税の申告納税額 ㊺	41,300
所得税及び復興特別所得税の予定納税額 ㊻	
所得税及び復興特別所得税の第3期分の税額 納める税金 ㊼	41,300
還付される税金 ㊽	

その他
配偶者の合計所得金額 ㊾	
専従者給与(控除)額の合計額 ㊿	
青色申告特別控除額 51	
雑所得・一時所得等の源泉徴収税額の合計額 52	
未納付の所得税及び復興特別所得税の源泉徴収税額 53	
本年分で差し引く繰越損失額 54	
平均課税対象金額 55	
変動・臨時所得金額 56	
申告期限までに納付する金額 57	00
延納届出額 58	000

復興特別所得税額の記入をお忘れなく。

第4編 確定申告書の記載例

平成30年分の所得税及び復興特別所得税の確定申告書B 第二表

整理番号 FA0077

住所 ○○市○○町△-△-△
氏名 ナカバヤシ ジロウ 中林 二郎

○ 所得の内訳（所得税及び復興特別所得税の源泉徴収税額）

所得の種類	種目・所得の生ずる場所又は給与などの支払者の氏名・名称	収入金額	所得税及び復興特別所得税の源泉徴収税額
給与	○○薬品株式会社 台東区○○ 1-○-○	6,785,250 円	49,000 円

⑭ 所得税及び復興特別所得税の源泉徴収税額の合計 49,000円

○ 雑所得（公的年金等以外）、総合課税の配当所得・譲渡所得、一時所得に関する事項

所得の種類	種目・所得の生ずる場所	収入金額	必要経費等	差引金額
雑		450,000	109,000	341,000

○ 特例適用条文等
平成24年7月20日居住開始

○ 事業専従者に関する事項

事業専従者の氏名	個人番号	続柄	生年月日	従事月数・程度・仕事の内容	専従者給与（控除）額

⑰ 専従者給与（控除）額の合計額

○ 住民税・事業税に関する事項

16歳未満の扶養親族	扶養親族の氏名	個人番号	続柄	生年月日	別居の場合の住所	寄附金税額控除

住民税
配当に関する住民税の特例／非居住者の特例／給与・公的年金等に係る所得以外（平成30年4月1日において65歳未満の方は給与所得以外）の所得に係る住民税の徴収方法の選択 … 自分で納付
配当割額控除額／株式等譲渡所得割額控除額

事業税
非課税所得など／不動産所得から差し引いた青色申告特別控除額／損益通算の特例適用前の不動産所得／事業用資産の譲渡損失など／前年中の開（廃）業 開始・廃止／他都道府県の事務所等

○ 所得から差し引かれる金額に関する事項

⑩ **雑損控除**
損害の原因／損害年月日／損害を受けた資産の種類など／損害金額／保険金などで補填される金額／差引損失額のうち災害関連支出の金額

⑪ **医療費控除等** 支払医療費等／保険金などで補填される金額

⑫ **社会保険料控除**
社会保険の種類：源泉徴収票のとおり／支払保険料 978,535

⑬ **小規模企業共済等掛金控除** 掛金の種類／支払掛金

合計 978,535 ／ 合計

⑭ **生命保険料控除**
新生命保険料の計 96,000／旧生命保険料の計
新個人年金保険料の計／旧個人年金保険料の計 85,200
介護医療保険料の計 84,000

⑮ **地震保険料控除** 地震保険料の計／旧長期損害保険料の計

⑯ **寄附金控除** 寄附先の所在地・名称／寄附金

⑰・⑱ **寡婦（寡夫）控除／勤労学生控除**
□死別 □生死不明 □離婚 □未帰還 学校名

⑳ **配偶者（特別）控除** 配偶者の氏名／生年月日／□配偶者控除 □配偶者特別控除 ／ 個人番号 □国外居住

㉓ **扶養控除**
控除対象扶養親族の氏名	続柄	生年月日	控除額
中林 恵	子	13.4.26	38万円
個人番号 ××××××××××××			□国外居住

㉓ 扶養控除額の合計 38

（平成二十九年分以降用）
第二表は、第一表と一緒に提出してください。源泉徴収票、国民年金保険料や生命保険料の支払証明書や災害関連支出明細書などを申告書に添付しなければならない書類は添付書類台紙などに貼ってください。

≪設例3≫ 191

平成　年分　給与所得の源泉徴収票

支払を受ける者	住所又は居所	○○市○○町△-△-△

(受給者番号)
(個人番号) ××××　××××　××××
(役職名)
氏名 (フリガナ) ナカバヤシ　ジロウ　中林　二郎

種別	支払金額	給与所得控除後の金額	所得控除の額の合計額	源泉徴収税額
給料・賞与	内　　6,785,250 円	4,906,725 円	1,883,535 円	内　49,000 円

(源泉)控除対象配偶者の有無等		配偶者(特別)控除の額	控除対象扶養親族の数 (配偶者を除く。)				16歳未満扶養親族の数	障害者の数 (本人を除く。)		非居住者である親族の数
有	従有	老人	特定	老人		その他		特別	その他	
		千　　　円	人	従人	内　人	従人	人　従人	人	内　人	人　人
							1			

社会保険料等の金額	生命保険料の控除額	地震保険料の控除額	住宅借入金等特別控除の額
内　978,535 円	120,000 円	25,000 円	156,800 円

(摘要)

生命保険料の金額の内訳	新生命保険料の金額	96,000 円	旧生命保険料の金額	円	介護医療保険料の金額	84,000 円	新個人年金保険料の金額	円	旧個人年金保険料の金額	85,200 円
住宅借入金等特別控除の額の内訳	住宅借入金等特別控除適用数	1	居住開始年月日(1回目)	24 年 7 月 20 日	住宅借入金等特別控除区分(1回目)		住宅借入金等年末残高(1回目)	15,685,960 円		
	住宅借入金等特別控除可能額	円	居住開始年月日(2回目)	年 月 日	住宅借入金等特別控除区分(2回目)		住宅借入金等年末残高(2回目)	円		

(源泉・特別)控除対象配偶者	(フリガナ) 氏名		区分		配偶者の合計所得	円	国民年金保険料等の金額	円	旧長期損害保険料の金額	円
	個人番号									

控除対象扶養親族	1	(フリガナ) ナカバヤシ　ケイ	区分		16歳未満の扶養親族	1	(フリガナ) 氏名	区分		備考
		氏名 中林　恵								
		個人番号 ×××× ×××× ××××				2	(フリガナ) 氏名	区分		
	2	(フリガナ) 氏名	区分				個人番号			
		個人番号				3	(フリガナ) 氏名	区分		
	3	(フリガナ) 氏名	区分							
		個人番号				4	(フリガナ) 氏名	区分		
	4	(フリガナ) 氏名	区分							
		個人番号								

未成年者	外国人	死亡退職	災害者	乙欄	本人が障害者		寡婦		寡夫	勤労学生	中途就・退職				受給者生年月日			
					特別	その他	一般	特別			就職	退職	年	月	日	明 大 昭 平	年	月	日

支払者	個人番号又は法人番号	○○○○○○○○○○○○○ (右詰で記載してください。)
	住所(居所)又は所在地	台東区○○　1-○-○
	氏名又は名称	○○薬品株式会社　(電話)

整理欄

≪設例4≫
　会社員がサイドビジネスでワンルームマンションの賃貸をしている場合（青色申告）
　南　肇（ミナミ　ハジメ）

○　給与所得（年末調整済）
「給与所得の源泉徴収票」のとおり。
　＊　所得控除等については、年末調整で受けたもの以外にない。

○　不動産所得
「青色申告決算書（不動産所得用）」のとおり。
　＊　不動産所得の損益通算の特例（措法41の4）の適用あり。

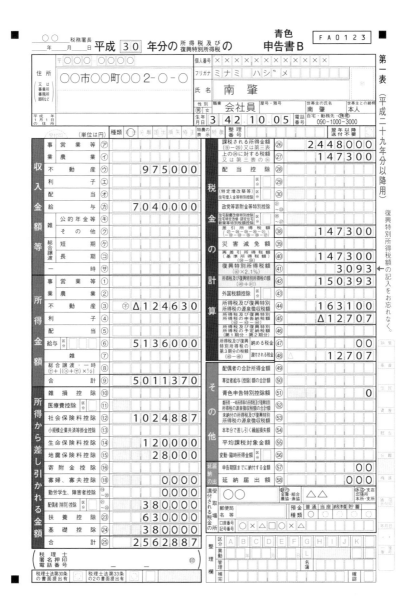

第4編 確定申告書の記載例

平成30年分の所得税及び復興特別所得税の確定申告書B 第二表

整理番号 □□□□□□□ FA0077

住所 ○○市○○町2-○-○
屋号
フリガナ ミナミ ハジメ
氏名 南 肇

○ 所得の内訳（所得税及び復興特別所得税の源泉徴収税額）

所得の種類	種目・所得の生ずる場所又は給与などの支払者の氏名・名称	収入金額	所得税及び復興特別所得税の源泉徴収税額
給与	千代田産業株式会社 千代田区大手町○-○	7,040,000円	163,100円
	(44) 所得税及び復興特別所得税の源泉徴収税額の合計		163,100

○ 雑所得(公的年金等以外)、総合課税の配当所得・譲渡所得、一時所得に関する事項

所得の種類	種目・所得の生ずる場所	収入金額	必要経費等	差引金額
		円	円	円

○ 特例適用条文等

○ 事業専従者に関する事項

事業専従者の氏名	個人番号	続柄	生年月日	従事月数・程度・仕事の内容	専従者給与(控除)額
			明・大 昭・平 · ·		
			明・大 昭・平 · ·		

○ 住民税・事業税に関する事項

住民税

16歳未満の扶養親族の氏名	個人番号	続柄	生年月日	別居の場合の住所	寄附金税額控除
			平 · ·		都道府県、市区町村分 住所地の共同募金会、日赤支部分 都道府県 市町村分
			平 · ·		
			平 · ·		

配当に関する住民税の特例	非居住者の特例	配当割額控除額	株式等譲渡所得割額控除額	給与・公的年金等に係る所得以外(平成30年4月1日において65歳未満の方は給与所得以外)の所得に係る住民税の徴収方法の選択	給与から差引き / 自分で納付

事業税

非課税所得など	番号	所得	損益通算の特例適用前の不動産所得	前年中の開(廃)業 開始・廃止 · ·	他都道府県の事務所等
不動産所得から差し引いた青色申告特別控除額		金額	事業用資産の譲渡損失など		

別居の控除対象配偶者・控除対象扶養親族・事業専従者の氏名・住所	氏名	住所	所得税で控除対象配偶者などとした専従者	氏名	給与	一連番号

○ 所得から差し引かれる金額に関する事項

⑩雑損控除	損害の原因	損害年月日	損害を受けた資産の種類など
損害金額 円	保険金などで補填される金額 円	差引損失額のうち災害関連支出の金額 円

⑪医療費控除	支払医療費等 円	保険金などで補填される金額 円

⑫社会保険料控除 ⑬小規模企業共済等掛金控除	社会保険の種類	支払保険料	掛金の種類	支払掛金
	源泉徴収票のとおり	1,024,887円		円
	合計	1,024,887	合計	

⑭生命保険料控除	新生命保険料の計 円	旧生命保険料の計 120,000円
	新個人年金保険料の計 円	旧個人年金保険料の計 100,000円
	介護医療保険料の計 60,000円	

⑮地震保険料控除	地震保険料の計 源泉徴収票のとおり	旧長期損害保険料の計 円

⑯寄附金控除	寄附先の所在地・名称		寄附金 円

⑰⑱寡婦(寡夫)控除	□寡婦(寡夫) □死別 □離婚 □生死不明 □未帰還	□勤労学生控除 学校名

⑳	氏名		

㉑㉒配偶者(特別)控除	配偶者の氏名	生年月日	☑配偶者控除 □配偶者特別控除
	南 春子	明·大 ㊎·平 50.11.15	
	個人番号 ××××××××××××		国外居住

㉓扶養控除	控除対象扶養親族の氏名	続柄	生年月日	控除額
	南 彰	子	明·大 昭·㊎ 7.7.3	63万円
	個人番号 ××××××××××××			国外居住
			明·大 昭·平 · ·	万円
			明·大 昭·平 · ·	万円
	㉓扶養控除額の合計			63

FA0223

平成 30 年分所得税青色申告決算書（不動産所得用）

住所	○○市○○町2-○-○	フリガナ 氏名	ミナミ ハジメ 南 肇 ㊞	依頼税理士等 事務所所在地	
				氏名（名称）	
職業	会社員	電話番号	090-1000-2000	電話番号	

平成　年　月　日

損益計算書（自 1月 1日 至 12月 31日）

科目			金額（円）	科目		金額（円）
収入金額	賃貸料	①	900000	必要経費	⑬	
	礼金・権利金 更新料	②	75000		⑭	
		③			⑮	
	計	④	975000		⑯	
必要経費	租税公課	⑤	91800	その他の経費	⑰	15680
	損害保険料	⑥	16000	計	⑱	1445780
	修繕費	⑦		差引金額（④－⑱）	⑲	－470780
	減価償却費	⑧	227500	専従者給与	⑳	
	借入金利子	⑨	1094800	青色申告特別控除前の所得金額（⑲－⑳）	㉑	－470780
	地代家賃	⑩		青色申告特別控除額（65万円又は10万円と㉑のいずれか少ない方の金額）	㉒	0
	給料賃金	⑪		所得金額（㉑－㉒）	㉓	－470780
		⑫		土地等を取得するために要した負債の利子の額		346150

（提出用）（平成二十五年分以降用）

● 下の欄には、書かないでください。

㊾	
Ⓐ	

← 青色申告特別控除については、「決算の手引き」の「青色申告特別控除」の項を読んでください。

← ㉓欄が赤字の人で必要経費に算入した金額のうちに土地等を取得するために要した負債の利子の額がある人は、その負債の利子の額を書いてください。

196 第4編 確定申告書の記載例

平成 30 年分 不動産所得の収入の内訳

氏名 南 肇（ミナミ ハジメ）

提出用（平成二十五年分以降用）

FA0228

○不動産所得の収入の内訳（書ききれないときは、適宜の用紙に書いて決算書に添付してください。）

区分	家屋 番号	用途 （住宅用・ 住宅以外・ その他の別）	不動産の所在地	貸借人の住所・氏名	貸付面積	賃貸契約 期間	本年中の科目 賃貸料	収入金額 礼金・権利金・更新料	名義書換料・その他	保証金 敷金 （期末残高）
貸マンション （住宅用）		住宅用	杉並区阿佐ケ谷北〇-〇-〇	不動産の所在地と同じ ○○ ○○	32.50平方メートル	29年4月3日 31年…日	900,000円 75,000	75,000円		75,000円
						年　月　日 年　月　日				
						年　月　日 年　月　日				
						年　月　日 年　月　日				
						年　月　日 年　月　日				
						年　月　日 年　月　日				
						年　月　日 年　月　日				
						年　月　日 年　月　日				
計							900,000	75,000		75,000

○給料賃金の内訳

氏名	年齢	従事月数	給料賃金 支給額	所得税及び復興特別 所得税の源泉徴収税額
		延べ従事 月数	円	円
計				

○専従者給与の内訳

氏名	続柄	年齢	従事月数	給与支給額	所得税及び復興特別 所得税の源泉徴収税額
				円	円
計					

— 2 —

○減価償却費の計算
(平成十九年四月一日以後取得分用)

減価償却資産の名称等(繰延資産を含む)	面積又は数量	取得年月	⑪取得価額(償却保証額)	⑫償却の基礎になる金額	償却方法	耐用年数	⑬償却率又は改定償却率	⑭本年中の償却期間	⑮本年分の普通償却費(⑫×⑬×⑭)	⑯割増(特別)償却費	⑰本年分の償却費合計(⑮+⑯)	⑱事業専用割合	⑲本年分の必要経費算入額(⑰×⑱)	⑳未償却残高(期末残高)	摘要
賃貸マンション(ワンルーム)	32.5	28・2	8,750,000 (償却保証額)	8,750,000	定額法	39	0.026	12/12	227,500		227,500	100.00	227,500	8,351,875	
		・						12/12							
		・						12/12							
		・						12/12							
		・						12/12							
		・						12/12							
		・						12/12							
計									227,500		227,500		227,500	8,351,875	

(注) 平成19年4月1日以後に取得した減価償却資産について定額法を採用する場合にのみ⑫欄のカッコ内に償却保証額を記入します。

○地代家賃の内訳

支払先の住所・氏名	賃借物件	本年中の賃借料・権利金等	左の賃借料のうち必要経費算入額
		権・更	
		賃	
		権・更	
		賃	

○借入金利子の内訳(金融機関を除く)

支払先の住所・氏名	期末現在の借入金額	本年中の借入利子	左のうち必要経費算入額
千代田区丸の内〇-〇 〇〇銀行	22,600,000	547,400	547,400

○税理士・弁護士等の報酬・料金の内訳

支払先の住所・氏名	本年中の報酬等の金額	左のうち必要経費算入額	所得税及び復興特別所得税の源泉徴収税額

平成30年分 給与所得の源泉徴収票

支払を受ける者	住所又は居所	○○市○○町○○2-○-○				
			個人番号	××××××××××××		
			氏名（フリガナ）	ミナミ ハジメ　南 肇		

種別	支払金額	給与所得控除後の金額	所得控除の額の合計額	源泉徴収税額
給料・賞与	7,040,000	5,136,000	2,562,887	163,100

（源泉）控除対象配偶者の有無等	老人	配偶者（特別）控除の額	控除対象扶養親族の数（配偶者を除く。）				16歳未満扶養親族の数	障害者の数（本人を除く。）		非居住者である親族の数
			特定		老人	その他		特別	その他	
有 ○		380,000		1						

社会保険料等の金額	生命保険料の控除額	地震保険料の控除額	住宅借入金等特別控除の額
1,024,887	120,000	28,000	

（摘要）

生命保険料の金額の内訳	新生命保険料の金額 96,000	旧生命保険料の金額	介護医療保険料の金額 84,000	新個人年金保険料の金額	旧個人年金保険料の金額 120,000

住宅借入金等特別控除の額の内訳	住宅借入金等特別控除適用数	居住開始年月日（1回目） 年 月 日	住宅借入金等特別控除区分（1回目）	住宅借入金等年末残高（1回目）
	住宅借入金等特別控除可能額	居住開始年月日（2回目） 年 月 日	住宅借入金等特別控除区分（2回目）	住宅借入金等年末残高（2回目）

（源泉・特別）控除対象配偶者	（フリガナ）ミナミ ハルコ 氏名 南 春子	区分	配偶者の合計所得 300,000	国民年金保険料等の金額	旧長期損害保険料の金額
	個人番号 ××××××××××××				

控除対象扶養親族	1	（フリガナ）ミナミ アキラ 氏名 南 彰	区分		16歳未満の扶養親族	1	（フリガナ）氏名	区分	（備考）
		個人番号 ××××××××××××				2	氏名	区分	
	2	氏名　個人番号	区分			3	氏名	区分	
	3	氏名　個人番号	区分						
	4	氏名　個人番号	区分			4	氏名	区分	

未成年者	外国人	死亡退職	災害者	乙欄	本人が障害者		寡婦		勤労学生	中途就・退職				受給者生年月日			
					特別	その他	一般	特別		就職	退職	年	月	日	明 大 昭 平	年	月	日

支払者	個人番号又は法人番号		
	住所（居所）又は所在地	千代田区○○1-○-○	
	氏名又は名称	千代田産業株式会社	（電話）

≪設例5≫
公的年金等受給者が専属のコンサルタントとして報酬を得ている場合
北川　一郎（キタガワ　イチロウ）

○　公的年金等の雑所得
　　　「公的年金等の源泉徴収票」のとおり
　　※　公的年金等の雑所得の金額
　　　2,517,064×75％－375,000円＝1,512,813円

○　公的年金等以外の所得
　・　コンサルタント報酬　750,000円
　　＊　1社の専属であり、「家内労働者等の所得計算の特例」適用。
　　※　公的年金等以外の雑所得の金額
　　　　750,000円－650,000円＝100,000円

○　所得控除
　・　社会保険料控除
　　　　　　　　　国民健康保険料　　　156,000円
　・　生命保険料控除
　　　　　　　　　旧生命保険料（一般）　120,000円
　・　地震保険料控除
　　　　　　　　　地震保険料　　　　　30,000円
　・　配偶者控除
　　　　　　　　　控除対象配偶者　　北川　花子
　　　　　　　　　　　　　　　　　（昭和36年8月14日生まれ）

200 第4編 確定申告書の記載例

平成30年分の所得税及び復興特別所得税の申告書B

住所：○○市○○町○○1-○-○
フリガナ：キタガワ イチロウ
氏名：北川 一郎
職業：経営コンサルタント
世帯主の氏名：北川 一郎
世帯主との続柄：本人
生年月日：3.32.05.10
電話番号：090-1000-2000

収入金額等
事業 営業等 ㋐	
農業 ㋑	
不動産 ㋒	
利子 ㋓	
配当 ㋔	
給与 ㋕	
雑 公的年金等 ㋖	2,517,084
その他 ㋗	750,000
総合譲渡 短期 ㋘	
長期 ㋙	
一時 ㋚	

所得金額
事業 営業等 ①	
農業 ②	
不動産 ③	
利子 ④	
配当 ⑤	
給与 ⑥	
雑 ⑦	1,612,813
総合譲渡・一時 ⑧	
合計 ⑨	1,612,813

所得から差し引かれる金額
雑損控除 ⑩	
医療費控除 ⑪	
社会保険料控除 ⑫	156,300
小規模企業共済等掛金控除 ⑬	
生命保険料控除 ⑭	50,000
地震保険料控除 ⑮	30,000
寄附金控除 ⑯	
寡婦、寡夫控除 ⑱	0,000
勤労学生、障害者控除 ⑳	0,000
配偶者（特別）控除 ㉑	380,000
扶養控除 ㉓	0,000
基礎控除 ㉔	380,000
合計 ㉕	996,300

税金の計算
課税される所得金額 ㉖	616,000
上の㉖に対する税額 ㉗	30,800
配当控除 ㉘	
（特定増改築等）住宅借入金等特別控除 ㉚	
政党等寄附金等特別控除	
住宅耐震改修特別控除等	
差引所得税額 ㊳	30,800
災害減免額 ㊴	
再差引所得税額（基準所得税額） ㊵	30,800
復興特別所得税額（㊵×2.1%） ㊶	646
所得税及び復興特別所得税の額 ㊷	31,446
外国税額控除 ㊸	
所得税及び復興特別所得税の源泉徴収税額 ㊹	166,784
所得税及び復興特別所得税の申告納税額 ㊺	△135,338
予定納税額（第1期分・第2期分） ㊻	
第3期分の税額 納める税金 ㊼	00
還付される税金 ㊽	135,338

その他
配偶者の合計所得金額 ㊾	
専従者給与（控除）額の合計額 ㊿	
青色申告特別控除額 51	
雑所得・一時所得等の所得税及び復興特別所得税の源泉徴収税額の合計額 52	166,784
未納付の所得税及び復興特別所得税の源泉徴収税額 53	
本年分で差し引く繰越損失額 54	
平均課税対象金額 55	
変動・臨時所得金額 56	

延納の届出
申告期限までに納付する金額 57：00
延納届出額 58：000

還付される税金の受取場所：×× 郵便局
預金種類：普通
口座番号：○×△○×△○

FA0123

≪設例5≫

平成 30 年分の所得税及び復興特別所得税の確定申告書B

整理番号　FA0077

住所　〇〇市〇〇町〇〇 1-〇-〇
フリガナ　キタガワ　イチロウ
氏名　北川　一郎

○ 所得の内訳（所得税及び復興特別所得税の源泉徴収税額）

所得の種類	種目・所得の生ずる場所又は給与などの支払者の氏名・名称	収入金額	所得税及び復興特別所得税の源泉徴収税額
雑（年金）	厚生労働省 千代田区霞が関1-2-2	2,517,084	90,214
雑	株式会社〇〇 新宿区〇〇	750,000	76,570
	㊹所得税及び復興特別所得税の源泉徴収税額の合計		166,784

○ 雑所得（公的年金等以外）、総合課税の配当所得・譲渡所得、一時所得に関する事項

所得の種類	種目・所得の生ずる場所	収入金額	必要経費等	差引金額
雑	上記のとおり	750,000	650,000	100,000

○ 特例適用条文等

○ 所得から差し引かれる金額に関する事項

⑩ 雑損控除　損害の原因／損害年月日／損害を受けた資産の種類など／損害金額／保険などで補填される金額／差引損失額のうち災害関連支出の金額

⑪ 医療費控除　支払医療費等／保険などで補填される金額

⑫ 社会保険料控除　
社会保険料の種類：国民健康保険　支払保険料：156,300
合計：156,300

⑬ 小規模企業共済等掛金控除　掛金の種類／支払掛金／合計

⑭ 生命保険料控除
新生命保険料の計／旧生命保険料の計
新個人年金保険料の計／旧個人年金保険料の計　120,000
介護医療保険料の計　30,000

⑮ 地震保険料控除　／旧長期損害保険料の計

⑯ 寄附金控除　寄附先の所在地・名称／寄附金

⑰〜⑲ 寡婦（寡夫）控除／勤労学生控除（死別／生死不明／学校名／離婚／未帰還）

⑳ 氏名

㉑・㉒ 配偶者（特別）控除
配偶者の氏名：北川　花子
生年月日：昭 36.8.14
☑ 配偶者控除　□ 配偶者特別控除
個人番号：×××××××××××

㉓ 扶養控除
控除対象扶養親族の氏名／続柄／生年月日／控除額／個人番号

㉓ 扶養控除額の合計

○ 事業専従者に関する事項

事業専従者の氏名	個人番号	続柄	生年月日	従事月数・程度・仕事の内容	専従者給与（控除）額
			明・大 昭・平		
			明・大 昭・平		

㊿ 専従者給与（控除）額の合計額

○ 住民税・事業税に関する事項

住民税
16歳未満の扶養親族：扶養親族の氏名／個人番号／続柄／生年月日／別居の場合の住所
寄附金税額控除：都道府県、市区町村分／住所地の共同募金会、日赤支部分／都道府県条例指定分／市区町村条例指定分
配当に関する住民税の特例／非居住者の特例／配当割額控除額／株式等譲渡所得割額控除額
給与・公的年金等に係る所得以外（平成30年4月1日において65歳未満の方は給与以外）の所得に係る住民税の徴収方法の選択：□ 給与から差引き　□ 自分で納付

事業税
非課税所得など／損益通算の特例適用前の不動産所得／所得税で控除対象配偶者などとした専従者／前年中の開（廃）業／他都道府県の事務所等
不動産所得から差し引いた青色申告特別控除額／事業用資産の譲渡損失など
別居の控除対象配偶者・控除対象扶養親族・事業専従者の氏名・住所／所得金額／給与／一連番号

平成30年分 公的年金等の源泉徴収票

支払を受ける者	住所又は居所	○○市○○町○○1-○-○					個人番号			
	(フリガナ)	キタガワ イチロウ								
	氏名	北川 一郎					生年月日	明治 大正 (昭和) 平成	32年 5月 10日	

区分	支払金額	源泉徴収税額
	千 円	千 円
	517 084	90 214

	所得税法第203条の3第1号適用分	
	所得税法第203条の3第2号適用分	
	所得税法第203条の3第3号適用分	
	所得税法第203条の3第4号適用分	

	控除対象扶養親族の数			16歳未満の扶養親族の数	障害者の数		非居住者である親族の数	社会保険料の額
	特定	老人	その他		特別	その他		
源泉控除対象配偶者の有無等	人	人	人	人	内 人	人	人	千 円
2			0					

本人 特別障害者 | その他障害者 | 寡婦 寡夫 | 特別寡婦 | 区分

控除対象扶養親族			16歳未満の扶養親族	
(フリガナ) 氏名	区分	(フリガナ) 氏名	区分	
1 個人番号		1		
(フリガナ) 氏名	区分	(フリガナ) 氏名	区分	
2 個人番号		2		

(摘要)

支払者	法人番号	
	所在地	千代田区霞が関1-2-2
	名称	厚生労働省
	電話番号	

参考資料

給与所得者の特定支出に関する明細書
(平成28年分以降用)

住所 ＿＿＿＿＿＿＿＿
氏名 ＿＿＿＿＿＿＿＿

（平成　年分）

○この明細書は、申告書と一緒に提出してください。

1 特定支出の金額

区分	項目	Ⓐ支出金額	Ⓑ補填される金額のうち非課税部分等	Ⓒ差引金額（Ⓐ-Ⓑ）
通勤費［区分1］	通勤の経路・方法（通勤の経路・方法については二面の所定の欄に書いてください。）	円	円	① 円
転居費［区分2］（転任に伴うもの）	転任前 勤務地／住所（又は居所）　転任後 勤務地／住所（又は居所）（再転任をした場合など書ききれないときはこの欄に書いてください。）	Ⓐ支出金額 円	Ⓑ補填される金額のうち非課税部分等 円	② 円
研修費［区分4］	研修の内容 （職務の内容）	Ⓐ支出金額 円	Ⓑ補填される金額のうち非課税部分等 円	イ 円／ロ／③計（イ+ロ）
資格取得費［区分8］（するための資格を取得人の資格を取得費）	資格の内容 （職務の内容）	Ⓐ支出金額 円	Ⓑ補填される金額のうち非課税部分等 円	ハ 円／ニ／④計（ハ+ニ）
帰宅旅費［区分16］（単身赴任に伴うもの）	勤務地（又は居所）　配偶者等の居住する場所（勤務地や配偶者等の居住する場所が変わった場合など書ききれないときは、この欄に書いてください。）	Ⓐ支出金額 円	Ⓑ補填される金額のうち非課税部分等 円	⑤ 円
勤務必要経費	図書費［区分32］ 図書名及び内容 （職務の内容）	Ⓐ支出金額 円	Ⓑ補填される金額のうち非課税部分等 円	ホ 円／ヘ／⑥計（ホ+ヘ）
	衣服費［区分64］ 衣服の種類 （職務の内容）	Ⓐ支出金額 円	Ⓑ補填される金額のうち非課税部分等 円	ト 円／チ／⑦計（ト+チ）
	交際費等［区分128］ 接待等について 内容／相手方の氏名・名称／相手方との関係 （職務の内容）	Ⓐ支出金額 円	Ⓑ補填される金額のうち非課税部分等 円	リ 円／ヌ／⑧計（リ+ヌ）
	小計（⑥+⑦+⑧）			⑨ （最高65万円）
特定支出の合計額（①+②+③+④+⑤+⑨）				⑩
適用を受ける特定支出の区分の合計（適用を受ける特定支出の各区分の【番号】を合計します。）				⑪

（注）「Ⓑ補填される金額のうち非課税部分等」とは、特定支出について、給与等の支払者により補填される部分のうち非課税部分及び雇用保険法に基づく教育訓練給付金、母子及び父子並びに寡婦福祉法に基づく母子家庭自立支援教育訓練給付金、同法に基づく父子家庭自立支援教育訓練給付金が支給される部分をいいます。

2 特定支出控除適用後の給与所得金額

給与等の収入金額の合計額	⑫ 円	←申告書第一表の「収入金額等」欄の給与の金額を書いてください。
特定支出控除適用前の給与所得金額	⑬	←確定申告の手引きで計算した所得金額を書いてください。
給与所得控除額（⑫-⑬）	⑭	
⑭×1／2	⑮	
特定支出控除の金額（⑩-⑮）（赤字の場合は0）	⑯	←⑯欄が赤字の場合は特定支出控除の適用はありません。
特定支出控除適用後の給与所得金額（⑫-⑭-⑯）	⑰	←申告書第一表の「所得金額」欄の給与に転記してください。

◎ 上記⑩の金額を**申告書第二表**の「**特例適用条文等**」欄に書きます。　記載例：特例適用条文等　所法57の2　XXX,XXX 円
◎ 上記⑪の数字を**申告書第一表**の「**所得金額**」欄の給与の「**区分**」欄に書きます。
◎ 給与所得者の特定支出控除に関する詳しいことは、税務署にお尋ねください。

◎ 通勤の経路及び方法
　○ 年の中途で通勤の経路及び方法が変わったときは、変更後の経路及び方法も書いてください。

書ききれないときは適宜の用紙に記載してそれをこの明細書に添付してください。

(参考事項)

二面

給与等の支払者の証明書の右端をここにはってください。

○ 一面の「適用を受ける特定支出の区分の合計」⑪欄は、例えば、次のように書いてください。
　・通勤費のみについて適用を受ける場合・・・・・・・・・・・・・・・・・・・・・・・・・・・・・・・・・・通勤費の区分「1」
　・研修費と資格取得費（人の資格を取得するための費用）について適用を受ける場合
　　　　　　　　　　　・・・・・・・・・・・・・・・研修費の区分「4」と資格取得費（人の資格を取得するための費用）の区分「8」を合計した「12」
　・転居費（転任に伴うもの）と帰宅旅費（単身赴任に伴うもの）と図書費について適用を受ける場合
　　　　　　　　　　　・・・・・・・・・・・・・・・転居費（転任に伴うもの）の区分「2」と帰宅旅費（単身赴任に伴うもの）の区分「16」
　　　　　　　　　　　　　　　　　　　　　　　　　と図書費の区分「32」を合計した「50」
○ 適用を受ける特定支出の区分（通勤費、転居費（転任に伴うもの）、研修費、資格取得費（人の資格を取得するための費用）、帰宅旅費（単身赴任に伴うもの）、勤務必要経費の別（勤務必要経費については、図書費、衣服費、交際費等に区分します。））ごとに、それぞれの支出の内訳を三面及び四面に書いてください。
○ 三面及び四面に書ききれないときは、適宜の用紙に記載してそれをこの明細書に添付してください。
○ 三面及び四面に書いたⒶ、Ⓑ及びⒸの各欄の金額を特定支出の区分ごとに（研修費・資格取得費（人の資格を取得するための費用）については研修の内容及び資格の内容が異なるごとに、勤務必要経費（図書費、衣服費、交際費等）については図書の内容、衣服の種類及び接待等の内容が異なるごとに）合計し、それぞれの合計額を一面のⒶ、Ⓑ及びⒸの各欄にそれぞれ転記してください。ただし、通勤費については、三面及び四面の通勤費のⒸ欄の合計額が1月当たりの定期券等の額の合計額を超える場合には、一面のⒸ欄にはその定期券等の額の合計額を書き、その金額の頭部に⑫と表示してください。

◎ 支出の内訳

特定支出の区分	支出の内容	支払先	支払年月日	Ⓐ 支払金額	Ⓑ 補填される金額のうち非課税部分等	Ⓒ 差引金額（Ⓐ－Ⓑ）
			・・	円	円	円
			・・			
			・・			
			・・			
			・・			
			・・			
			・・			
			・・			
			・・			
			・・			
			・・			
			・・			
			・・			
			・・			
			・・			
			・・			
			・・			
			・・			
			・・			
			・・			
			・・			
			・・			
			・・			
			・・			
			・・			
			・・			
			・・			
			・・			
			・・			
			・・			
			・・			
			・・			
			・・			

三面

◎ 支出の内訳（三面のつづき）

特定支出の区分	支出の内容	支払先	支払年月日	Ⓐ 支払金額	Ⓑ 補填される金額 のうち非課税部分等	Ⓒ 差引金額 （Ⓐ－Ⓑ）
			・ ・	円	円	円
			・ ・			
			・ ・			
			・ ・			
			・ ・			
			・ ・			
			・ ・			
			・ ・			
			・ ・			
			・ ・			
			・ ・			
			・ ・			
			・ ・			
			・ ・			
			・ ・			
			・ ・			
			・ ・			
			・ ・			
			・ ・			
			・ ・			
			・ ・			
			・ ・			
			・ ・			
			・ ・			
			・ ・			
			・ ・			
			・ ・			
			・ ・			
			・ ・			
			・ ・			
			・ ・			
			・ ・			

四面

搭乗・乗車・乗船に関する証明書、支出した金額を証する書類（領収書等）の右端をここにはってください。

平成　　年分　特定支出（通勤費）に関する証明の依頼書

　私の通勤の経路及び方法が次のとおりであること並びにその経路及び方法が運賃、時間、距離その他の事情に照らして最も経済的かつ合理的であること等を証明してください。

氏　名 （フリガナ）	印	住　所 （又は居所）				
勤務する場所						
通勤の経路 及び方法等	区　間（経　由）	方　法	運　賃　等	時　間	距　離	
	～　（　　　）		（　　　） 円	分	km	
	～　（　　　）		（　　　）			
	～　（　　　）		（　　　）			
	～　（　　　）		（　　　）			
	～　（　　　）		（　　　）			
	～　（　　　）		（　　　）			
給与等の支払者により補塡される部分につき所得税が課されない部分の金額					円	
備　考						

◎下の証明書は、切り離さないでください。

平成　　年分　特定支出（通勤費）に関する証明書

　　上記の者の通勤の経路及び方法が上記のとおりであること並びにその経路及び方法が運賃、時間、距離その他の事情に照らして最も経済的かつ合理的であること等を証明します。

　　　　　　　　　　　　　　　　　　　平成　　年　　月　　日

（給与等の支払者）

　　所在地 _____

　　名　称 _____ 印

（注）転居費、研修費、資格取得費、帰宅旅費及び勤務必要経費（図書費、衣服費、交際費等）についても同様の証明書が設けられています。

┌─(一般の障害者・特別障害者)─
│　一般の障害者又は特別障害者とは、給与等の支払いを受ける人やその同一生計配偶者、扶養親族で、次のいずれかに該当する人をいいます（所法2①二十八、二十九、所令10）。
│　① **精神上の障害により事理を弁識する能力を欠く常況にある人**──これに該当する人は、全て特別障害者になります。
│　② 児童相談所、知的障害者更生相談所、精神保健福祉センター又は精神保健指定医から**知的障害者と判定された人**──このうち、重度の知的障害者と判定された人は、特別障害者になります。
│　③ 精神保健及び精神障害者福祉に関する法律の規定により**精神障害者保健福祉手帳の交付を受けている人**──このうち、障害等級が1級である者と記載されている人は、特別障害者となります。
│　④ 身体障害者福祉法の規定により交付を受けた**身体障害者手帳**に、**身体上の障害がある者として記載されている人**──このうち、障害の程度が1級又は2級の人は、特別障害者になります。
│　⑤ 戦傷病者特別援護法の規定による**戦傷病者手帳の交付を受けている人**──このうち、障害の程度が恩給法別表1号表ノ2の特別項症から第三項症までの人は、特別障害者になります。
│　⑥ 原子爆弾被爆者に対する援護に関する法律の規定による**厚生労働大臣の認定を受けている人**──これに該当する人は、全て特別障害者になります。
│　⑦ **常に就床を要し、複雑な介護を要する人**──これに該当する人は、全て特別障害者になります。
│　⑧ 年齢65歳以上（平成30年分の所得税については、昭和29年1月1日以前に生まれた人）で、その障害の程度が上記の①、②又は④に該当する人と同程度であることの**町村長や福祉事務所長などの認定を受けている人**──このうち、上記の①、②又は④に掲げた特別障害者と同程度の障害のある人は、特別障害者になります。
└

┌─(同居特別障害者)─
│　同一生計配偶者又は扶養親族のうち、特別障害者に該当する人で、給与等の支払を受ける人、その配偶者又は給与等の支払を受ける人と生計を一にするその他の親族のいずれかとの同居を常況としている人をいいます（所法79③）。
└

┌─(寡　婦)─
│　給与等の支払を受ける人自身が、次のいずれかに該当する人をいいます（所法2①三十、所令11）。
│　(1) 次のいずれかに該当する人で、扶養親族又は生計を一にする子のある人
│　　① 夫と死別した後、婚姻していない人
│　　② 夫と離婚した後、婚姻していない人
│　　③ 夫の生死が明らかでない人
│　　なお、この場合の「生計を一にする子」には、他の所得者の同一生計配偶者や扶養親族になっている人及び所得金額の合計額が38万円を超えている人は含まれません。
│　(2) 上記(1)に掲げる人のほか、次のいずれかに該当する人で、合計所得金額が500万円以下である人
│　　① 夫と死別した後、婚姻していない人
│　　② 夫の生死が明らかでない人
│　〔注意事項〕
│　　　給与所得だけの場合には、その年中の給与等の収入金額が688万8,889円以下であれば、合計所得金額が500万円以下になります。
└

┌─(特別の寡婦)─
│　寡婦のうち、扶養親族である子を有し、かつ、合計所得金額が500万円以下の人をいいます（措法41の17）。
└

┌─(寡　夫)─
│　給与等の支払を受ける人自身が、次の(1)、(2)及び(3)のいずれにも該当する人をいいます（所法2①三十一、所令11の2）。
│　(1) 妻と死別し、又は離婚してから婚姻をしていないこと、あるいは妻の生死が明らかでないこと。
│　(2) 生計を一にする子があること。
│　(3) 合計所得金額が500万円以下であること。
│　〔注意事項〕
│　　　この場合の「生計を一にする子」の範囲及び「合計所得金額が500万円以下」となる場合の給与等の収入金額については、上記「寡婦」の場合と同様です。
└

〔勤労学生〕
　給与等の支払を受ける人自身が、次の(1)及び(2)のいずれにも該当する人をいいます（所法2①三十二、所令11の3）。
(1) 次に掲げる学校等の学生、生徒、児童又は訓練生であること。
　① 学校教育法に規定する小学校、中学校、義務教育学校、高等学校、中等教育学校、特別支援学校、大学、高等専門学校
　② 国、地方公共団体、学校法人、医療事業を行う農業協同組合連合会、医療法人等、文部科学大臣が定める基準を満たす専修学校又は各種学校（以下「専修学校等」といいます。）を設置する者の設置した専修学校等で、職業に必要な技術を教授するなど一定の要件に該当する課程を履修させるもの
　③ 認定職業訓練を行う職業訓練法人で、一定の要件に該当する課程を履修させるもの
(2) その年の合計所得金額が65万円以下であり、かつ、自己の勤労に基づいて得た給与所得等以外の所得の金額が10万円以下であること。

〔注意事項〕
　給与所得だけの場合には、その年中の給与等の収入金額が130万円以下であれば、合計所得金額が65万円以下になります。例えば、アルバイトにより給与収入がある学生の場合、そのアルバイト以外に収入がなく、年間のアルバイトの収入金額が130万円以下であれば、この控除を受けることができます。

212 参考資料 5

参考資料 6 213

平成30年分 給与所得者の保険料控除申告書

平成□□年分所得税青色申告決算書（一般用）

損益計算書

	科　目		金　額（円）
	売上（収入）金額（雑収入を含む）	①	
売上原価	期首商品（製品）棚卸高	②	
	仕入金額（製品製造原価）	③	
	小　計（②＋③）	④	
	期末商品（製品）棚卸高	⑤	
	差引原価（④－⑤）	⑥	
	差引金額（①－⑥）	⑦	
経費	租税公課	⑧	
	荷造運賃	⑨	
	水道光熱費	⑩	
	旅費交通費	⑪	
	通信費	⑫	
	広告宣伝費	⑬	
	接待交際費	⑭	
	損害保険料	⑮	
	修繕費	⑯	
	消耗品費	⑰	
	減価償却費	⑱	
	福利厚生費	⑲	
	給料賃金	⑳	
	外注工賃	㉑	
	利子割引料	㉒	
	地代家賃	㉓	
	貸倒金	㉔	
		㉕	
		㉖	
		㉗	
		㉘	
		㉙	
		㉚	
		㉛	
	雑費	㉜	
	計	㉝	
	差引金額（⑦－㉝）		

科　目		金　額（円）
各種引当金・準備金等	繰戻額等	㉞
		㉟
		㊱
		㊲
	計	㊳
	繰入額等	㊴
	専従者給与	㊵
	貸倒引当金	㊶
		㊷
	計	㊸
青色申告特別控除前の所得金額（㉝＋㊳－㊸）		㊹
青色申告特別控除額		㊺
所得金額（㊹－㊺）		

※青色申告特別控除については、決算の手引きの「青色申告特別控除」の項を読んでください。

住所／事業所所在地／業種名／屋号／フリガナ／氏名／電話番号（自宅／事業所）／加入団体名

依頼税理士等／事務所所在地／氏名（名称）／電話番号

自　月　日　至　月　日

平成　　年分

氏名　フリガナ

○月別売上(収入)金額及び仕入金額

月	売上(収入)金額	仕入金額
	円	円
1		
2		
3		
4		
5		
6		
7		
8		
9		
10		
11		
12		
家事消費等		
雑収入		
計		

○給料賃金の内訳

氏名	年齢	従事月数	給料賃金	賞与	合計	所得税及び復興特別所得税の源泉徴収税額
	歳	月	円	円	円	円
その他(人分)						
計						
延べ従事月数						

○専従者給与の内訳

氏名	続柄	年齢	従事月数	給料	賞与	合計額	所得税及び復興特別所得税の源泉徴収税額
		歳	月	円	円	円	円
計							
延べ従事月数							

○貸倒引当金繰入額の計算 (この計算に当たっては、「決算の手引き」の「貸倒引当金」の項を読んでください。)

	金額
個別評価による貸倒引当金繰入額(期間損失による貸倒引当金に関する明細書)の添付が必要となります	① 円
一括評価による年末における一括評価による貸倒金の繰入れの対象となる貸金の合計額	②
本年分の繰入限度額(②×5.5%(金融業は3.3%))	③
本年分の繰入額	④
本年分の貸倒引当金繰入額(①＋④)	⑤

○青色申告特別控除額の計算 (この計算に当たっては、「決算の手引き」の「青色申告特別控除」の項を読んでください。)

	金額
本年分の不動産所得の金額(青色申告特別控除額を差し引く前の金額)	⑥ 円
青色申告特別控除前の所得金額 (⑥と⑥のいずれか少ない方の金額 (1ページの損益計算書の㊸の金額から⑥の金額を差し引いてください))	⑦ (赤字のときは0)
65万円の青色申告特別控除を受ける場合	青色申告特別控除額(不動産所得から差し引かれる金額 65万円と⑦のいずれか少ない方の金額)	⑧ (赤字のときは0)
	青色申告特別控除額(いずれか少ない方の金額)	⑨
上記以外の場合	青色申告特別控除額(不動産所得から差し引かれる金額 10万円と⑦のいずれか少ない方の金額)	⑧
	青色申告特別控除額(いずれか少ない方の金額)	⑨

(注) 貸倒引当金、専従者給与や3ページの特別償却・償却以外の特典を利用する人は、適宜の用紙にその明細を記載し、この決算書に添付してください。

参考資料 7

○減価償却費の計算

減価償却資産の名称等（繰延資産を含む）	㋑ 取得年月	面積又は数量	㋺ 取得価額（償却保証額）	㋩ 償却の基礎になる金額	償却方法	耐用年数	㋥ 償却率又は改定償却率	㋭ 本年中の償却期間	㋬ 本年分の普通償却費（㋩×㋥×㋭）	増（特別）償却費	㋣ 本年分の償却費合計（㋬＋㋠）	㋷ 事業専用割合	㋦ 本年分の必要経費算入額（㋣×㋷）	㋸ 未償却残高（期末残高）	摘要
	年 月		円	円		年		12	円	円	円	％	円	円	
	・ ・							12							
	・ ・							12							
	・ ・							12							
	・ ・							12							
	・ ・							12							
	・ ・							12							
計															

（注）平成19年4月1日以後に取得した減価償却資産について定額法を採用する場合のみ⑥欄のカッコ内に償却保証額を記入します。

○利子割引料の内訳（金融機関を除く）

支払先の住所・氏名	期末現在の借入金等の金額	本年中の利子割引料	左のうち必要経費算入額
	円	円	円

○税理士・弁護士等の報酬・料金の内訳

支払先の住所・氏名	本年中の報酬等の金額	所得税及び復興特別所得税の源泉徴収税額	左のうち必要経費算入額
	円	円	円

○地代家賃の内訳

支払先の住所・氏名	賃借物件	本年中の賃借料・権利金等	左の賃借料のうち必要経費算入額
		権・更 賃 権・更 賃	円

○本年中における特殊事情

貸借対照表（資産負債調）（平成　年　月　日現在）

資産の部

科目	月日（期首）円	月日（期末）円
現　金		
当　座　預　金		
定　期　預　金		
その他の預金		
受　取　手　形		
売　掛　金		
有　価　証　券		
棚　卸　資　産		
前　払　金		
貸　付　金		
建　物		
建物附属設備		
機　械　装　置		
車両運搬具		
工具器具備品		
土　地		
事　業　主　貸		
合　計		

負債・資本の部

科目	月日（期首）円	月日（期末）円
支　払　手　形		
買　掛　金		
借　入　金		
未　払　金		
前　受　金		
預　り　金		
貸倒引当金		
事　業　主　借		
元　入　金		
青色申告特別控除前の所得金額		
合　計		

（注）「元入金」は、「期首の資産の総額」から「期首の負債の総額」を差し引いて計算します。

● 65万円の青色申告特別控除を受ける人は、必ず記入してください。それ以外の人でも、分かる箇所はなるべく記入してください。

製造原価の計算

（原価計算を行っていない人は、記入する必要はありません。）

	科目		金額 円
原材料費	期首原材料棚卸高	①	
	原材料仕入高	②	
	小計 (①+②)	③	
	期末原材料棚卸高	④	
	差引原材料費 (③-④)	⑤	
労務費	労　務　費	⑥	
外注工賃	外　注　工　賃	⑦	
その他の製造経費	電　力　費	⑧	
	水　道　光　熱　費	⑨	
	修　繕　費	⑩	
	減　価　償　却　費	⑪	
		⑫	
		⑬	
		⑭	
		⑮	
		⑯	
		⑰	
		⑱	
		⑲	
		⑳	
	雑　費	㉑	
	計	㉒	
	総製造費 (⑤+⑥+⑦+㉒)	㉓	
	期首半製品仕掛品棚卸高	㉔	
	小計 (㉓+㉔)	㉕	
	期末半製品仕掛品棚卸高	㉖	
	製品製造原価 (㉕-㉖)		

（注）各欄の金額は、1ページの「損益計算書」の3欄に転記してください。

参考資料 7

平成　　年分所得税青色申告決算書（不動産所得用）

住所：
職業：
フリガナ
氏名：
電話番号：

依頼税理士等：
事務所所在地
氏名（名称）
電話番号

損益計算書　（自　　月　　日　至　　月　　日）

科目		金額(円)	科目		金額(円)
収入金額	賃貸料	①	必要経費	租税公課	⑤
	礼金・権利金・更新料	②		損害保険料	⑥
		③		修繕費	⑦
	計	④		減価償却費	⑧
				借入金利子	⑨
				地代家賃	⑩
				給料賃金	⑪
					⑫
				⑬	
				⑭	
				⑮	
			その他の経費	⑯	
				⑰	
				⑱	
			計		
			差引金額（④－⑱）	⑲	
			専従者給与	⑳	
			青色申告特別控除前の所得金額（⑲－⑳）	㉑	
			青色申告特別控除額（65万円又は10万円と㉑のいずれか少ない方の金額）	㉒	
			所得金額（㉑－㉒）	㉓	
			土地等を取得するために要した負債の利子の額		

（青色申告特別控除前の必要経費に算入した土地等を取得するための負債の利子の額を書いてください。）

（※欄が赤字のときは、青色申告特別控除額の計算に必要な負債の利子の額を書いてください。）

参考資料 7

平成 □□ 年分

フリガナ
氏名 _____

○不動産所得の収入の内訳（書ききれないときは、適宜の用紙に書いて決算書に添付してください）

用途（住宅用、住宅用以外等の別）	不動産の所在地	賃借人の住所・氏名	賃貸契約期間	貸付面積（平方メートル）	本年中の収入金額			保証金（期末残高）
家屋・土地等の別					賃貸料	礼金・権利金・更新料	名義書換料その他	敷金
					月額 円 / 年額 円	円	円	円
			自 年 月 日 / 至 年 月 日					
			自 年 月 日 / 至 年 月 日					
			自 年 月 日 / 至 年 月 日					
			自 年 月 日 / 至 年 月 日					
			自 年 月 日 / 至 年 月 日					
			自 年 月 日 / 至 年 月 日					
			自 年 月 日 / 至 年 月 日					
			自 年 月 日 / 至 年 月 日					
計								

○給料賃金の内訳

氏名	年齢	従事月数	給料賃金	支給額	所得税及び復興特別所得税の源泉徴収税額
	歳	月	円	円	円
計		延べ従事月数		合計 円	円

○専従者給与の内訳

氏名	続柄	年齢	従事月数	給与	支給額	所得税及び復興特別所得税の源泉徴収税額
		歳	月	円	円	円
計					合計 円	円

参考資料 7

○減価償却費の計算

減価償却資産の名称等（繰延資産を含む）	面積又は数量	取得年月	㋑取得価額（償却保証額）	㋺償却の基礎になる金額	償却方法	耐用年数	㋩償却率又は改定償却率	㋥本年中の償却期間	㋭本年分の普通償却費（㋺×㋩×㋥）	㋬割増(特別)償却費	㋣本年分の償却費合計（㋭+㋬）	㋠貸付割合	㋦本年分の必要経費算入額（㋣×㋠）	㋧未償却残高（期末残高）	摘要
		年・月	円（　　　　）	円		年		12分の　月	円	円	円	％	円	円	
		・	（　　　　）					12分の							
		・	（　　　　）					12分の							
		・	（　　　　）					12分の							
		・	（　　　　）					12分の							
		・	（　　　　）					12分の							
		・	（　　　　）					12分の							
計															

(注) 平成19年4月1日以後に取得した減価償却資産について定額法を採用する場合にのみ㋑欄のカッコ内に償却保証額を記入します。

○地代家賃の内訳

支払先の住所・氏名	賃借物件	本年中の賃借料・権利金等	左の賃借料のうち必要経費算入額
		権・更・賃	円／円
		権・更・賃	／

○借入金利子の内訳（金融機関を除く）

支払先の住所・氏名	期末現在の借入金等の金額	本年中の借入金利子	左のうち必要経費算入額
	円	円	円

○税理士・弁護士等の報酬・料金の内訳

支払先の住所・氏名	本年中の報酬等の金額	左のうち必要経費算入額	所得税及び復興特別所得税の源泉徴収税額
	円	円	円

貸借対照表 (資産負債調)

(平成　年　月　日現在)

◎ 本年中における特殊事情・保証金等の運用状況(借地権の設定に係る保証金などの預り金がある場合には、その運用状況を記載してください。)

資産の部				負債・資本の部			
科目	月日(期首)	月日(期末)		科目	月日(期首)	月日(期末)	
	円	円			円	円	
現金				借入金			
普通預金				未払金			
定期預金				保証金・敷金			
その他の預金							
受取手形							
売掛金							
未収入金							
有価証券							
前払金							
貸付金							
建物							
建物附属設備							
構築物							
船舶							
工具器具備品							
土地							
借地権							
公共施設負担金							
				事業主借			
				元入金			
				青色申告特別控除前の所得金額			
事業主貸							
合計				合計			

● 65万円の青色申告特別控除を受ける人は必ず記入してください。それ以外の人でもわかる箇所はできるだけ記入してください。

(注)「元入金」は、「期首の資産の総額」から「期首の負債の総額」を差し引いて計算します。

参考資料 8

平成　　年分収支内訳書（一般用）

参考資料 8 223

○売上(収入)金額の明細

売上先名	所在	地	売上(収入)金額
			円
上記以外の売上先の計			
		計	①

○仕入金額の明細

仕入先名	所在	地	仕入金額
			円
上記以外の仕入先の計			
		計	⑥

○減価償却費の計算

減価償却資産の名称等(繰延資産を含む)	㋑ 面積又は数量	㋺ 取得価額(償却保証額) 年月	㋩ 償却の基礎になる金額	㋥ 償却方法	㋭ 耐用年数	㋬ 償却率又は改定償却率	㋣ 本年中の償却期間	㋠ 本年分の普通償却費(㋩×㋬×㋣)	㋷ 割増(特別)償却費	㋦ 本年分の償却費合計(㋠+㋷)	㋻ 事業専用割合	㋕ 本年分の必要経費算入額(㋦×㋻)	未償却残高(期末残高)	摘要
		円 ・ ・	円		年		12	円	円	円	%	円	円	
		( ) ・ ・					12							
		( ) ・ ・					12							
		( ) ・ ・					12							
		( ) ・ ・					12							
計												⑱		

(注) 平成19年4月1日以後に取得した減価償却資産について定率法を採用する場合のみ㋩欄のカッコ内に償却保証額を記入します。

○地代家賃の内訳

支払先の住所・氏名	賃借物件	本年中の賃借料・権利金等		左の賃借料のうち必要経費算入額
		権 更	円	円
		賃		
		権 更		
		賃		

○利子割引料の内訳(金融機関を除く)

支払先の住所・氏名	期末現在の借入金等の金額	本年中の利子割引料	左のうち必要経費算入額
	円	円	円

○本年中における特殊事情

224　参考資料　8

参考資料 8

○減価償却費の計算

減価償却資産の名称等（繰延資産を含む）	面積又は数量	取得年月	ⓘ取得価額（償却保証額）	ⓠ償却の基礎になる金額	償却方法	耐用年数	ⓗ本年中の償却期間 又はの償却率	ⓕ本年分の普通償却費（ⓠ×ⓗ×ⓗ）	ⓚ割増（特別）償却費	ⓛ本年分の償却費合計（ⓕ+ⓚ）	ⓟ事業専用割合	ⓝ本年分の必要経費算入額（ⓛ×ⓟ）	ⓧ未償却残高（期末残高）	摘要
		年 月	円（ ）	円		年	12	円	円	円	%	円	円	
		・ ・	（ ）				12							
		・ ・	（ ）				12							
		・ ・	（ ）				12							
		・ ・	（ ）				12							
計														

（注）平成19年4月1日以後に取得した減価償却資産について定率法を採用する場合にのみ⑥欄のカッコ内に償却保証額を記入します。

○借入金利子の内訳（金融機関を除く）

支払先の住所・氏名	期末現在の借入金等の金額	本年中の利子	左のうち必要経費算入額
	円	円	円

○修繕費の内訳

支払先の住所・氏名	工事名又は資材の品名	支払年月日	本年中の金額	左のうち必要経費算入額
		・ ・	円	円
		・ ・		
		・ ・		

○貸付不動産の保有状況（空家、空地を含めて記入してください）

用途	種類・種別等	数量		用途	種類・種別等	数量
住宅用	建物	一戸建	棟	住宅用以外	建物	一戸建	棟
		一戸建以外	室			一戸建以外	室
		契約件数	件	（事務所・店舗等）		契約件数	件
	土地	総面積	㎡		土地	総面積	㎡

○地代家賃の内訳

支払先の住所・氏名	貸借物件	本年中の賃借料・権利金等	左のうち必要経費算入額
		権・更	円
		賃	

○税理士・弁護士等の報酬・料金の内訳

支払先の住所・氏名	本年中の報酬等の金額	左のうち必要経費算入額	所得税及び復興特別所得税の源泉徴収税額
	円	円	円

◎本年中における特殊事情（借地権の設定に係る保証金などの預り金がある場合には、その運用状況を記載してください。）

○貸付不動産の保有状況（空家、空地を含めて記入してください）

用途	種類・種別等	数量
住宅用	建物	一戸建	棟
		一戸建以外	室
		契約件数	件
	土地	総面積	㎡
		屋根付	台
		青空	

参考資料 10

1 面

株式等に係る譲渡所得等の金額の計算明細書

【平成＿＿＿年分】

整理番号

この明細書は、「一般株式等に係る譲渡所得等の金額」又は「上場株式等に係る譲渡所得等の金額」を計算する場合に使用するものです。
なお、国税庁ホームページ【www.nta.go.jp】の「確定申告書等作成コーナー」の画面の案内に従って収入金額などの必要項目を入力することにより、この明細書や確定申告書などを作成することができます。

住　所（前住所）	(	)	フリガナ 氏　名	
電話番号（連絡先）		職業	関与税理士名（電話）	( )

※ 譲渡した年の1月1日以後に転居された方は、前住所も記載してください。

1　所得金額の計算

			一般株式等	上場株式等
収入金額	譲渡による収入金額	①	円	円
	その他の収入	②		
	小　計（①＋②）	③	申告書第三表㋐へ	申告書第三表㋑へ
必要経費又は譲渡に要した費用等	取得費（取得価額）	④		
	譲渡のための委託手数料	⑤		
		⑥		
	小計（④から⑥までの計）	⑦		
	特定管理株式等のみなし譲渡損失の金額（※1）（△を付けないで書いてください。）	⑧		
	差引金額（③－⑦－⑧）	⑨		
	特定投資株式の取得に要した金額の控除（※2）（⑨欄が赤字の場合は0と書いてください。）	⑩		
	所　得　金　額（⑨－⑩）（一般株式等について赤字の場合は0と書いてください。）（上場株式等について赤字の場合は△を付して書いてください。）	⑪	申告書第三表㉔へ	黒字の場合は申告書第三表㉕へ
	本年分で差し引く上場株式等に係る繰越損失の金額（※3）	⑫		申告書第三表㊵へ
	繰越控除後の所得金額（※4）（⑪－⑫）	⑬	申告書第三表㊷へ	申告書第三表㊷へ

(注) 租税特別措置法第37条の12の2第2項に規定する上場株式等の譲渡以外の上場株式等の譲渡（相対取引）がある場合の「上場株式等」の①から⑬までの各欄については、同項に規定する上場株式等の譲渡に係る金額を括弧書（内書）により記載してください。なお、「上場株式等」の⑪欄の金額が相対取引による赤字のみの場合は、申告書第三表の㉕欄に0を記載します。

特例適用条文	措法　　条の
	措法　　条の

※1 「特定管理株式等のみなし譲渡損失の金額」とは、租税特別措置法第37条の11の2第1項の規定により、同法第37条の12の2第2項に規定する上場株式等の譲渡をしたことにより生じた損失の金額とみなされるものをいいます。
※2 ⑩欄の金額は、「（特定（新規）中小会社が発行した株式の取得に要した金額の控除の明細書」で計算した金額に基づき、「一般株式等」、「上場株式等」の順に、⑨欄の金額を限度として控除します。
※3 ⑫欄の金額は、「上場株式等」の⑪欄の金額を限度として控除し、「上場株式等」の⑪欄の金額が0又は赤字の場合には記載しません。なお、⑫欄の金額を「一般株式等」から控除することはできません。
※4 ⑬欄の金額は、⑪欄の金額が0又は赤字の場合には記載しません。また、⑬欄の金額を申告書に転記するに当たって申告書第三表の㉙欄の金額が同⑨欄の金額から控除しきれない場合には、税務署にお尋ねください。

整理欄

（平成28年分以降用）

「上場株式等」の⑪欄の金額が赤字の場合で、譲渡損失の損益通算及び繰越控除の特例の適用を受ける方は、「所得税及び復興特別所得税の確定申告書付表」も記載してください。

H29.11

228 参考資料 10

2 面（計算明細書）

2　申告する特定口座の上場株式等に係る譲渡所得等の金額の合計

口座の区分	取　引　先（金融商品取引業者等）		譲渡の対価の額（収入金額）	取得費及び譲渡に要した費用の額等	差　引　金　額（譲渡所得等の金額）	源泉徴収税額
源泉口座・簡易口座	証券会社銀　行（　　）	本　店支　店出張所（　　）	円	円	円	円
源泉口座・簡易口座	証券会社銀　行（　　）	本　店支　店出張所（　　）				
源泉口座・簡易口座	証券会社銀　行（　　）	本　店支　店出張所（　　）				
源泉口座・簡易口座	証券会社銀　行（　　）	本　店支　店出張所（　　）				
源泉口座・簡易口座	証券会社銀　行（　　）	本　店支　店出張所（　　）				
合　計（上場株式等（特定口座））			1面①へ	1面④へ		申告書第二表「所得の内訳」欄へ

【参考】　特定口座以外で譲渡した株式等の明細

区分	譲渡年月日（償還日）	譲渡した株式等の銘柄	数　量	譲渡先（金融商品取引業者等）の所在地・名称等	譲渡による収入金額	取得費（取得価額）	譲渡のための委託手数料	取　得年 月 日
一般株式等・上場株式等	・・		株(口、円)		円	円	円	・・（・・）
一般株式等・上場株式等	・・							・・（・・）
一般株式等・上場株式等	・・							・・（・・）
一般株式等・上場株式等	・・							・・（・・）
一般株式等・上場株式等	・・							・・（・・）
合　計	一　般　株　式　等				1面①へ	1面④へ	1面⑤へ	
	上場株式等（一般口座）				1面①へ	1面④へ	1面⑤へ	

参考資料 11 229

一連番号		1 面

平成＿＿年分の 所得税及び復興特別所得税 の確定申告書付表（上場株式等に係る譲渡損失の損益通算及び繰越控除用）

受付印 住所又は事業所事務所居所など		フリガナ 氏名	

○ この付表は、申告書と一緒に提出してください。

　この付表は、租税特別措置法第37条の12の2（上場株式等に係る譲渡損失の損益通算及び繰越控除）の規定の適用を受ける方が、本年分の上場株式等に係る譲渡損失の金額を同年分の上場株式等に係る配当所得等の金額（特定上場株式等の配当等に係る配当所得に係る部分については、分離課税を選択したものに限ります。以下「分離課税配当所得等金額」といいます。）の計算上控除（損益通算）するため、又は3年前の年分以後の上場株式等に係る譲渡損失の金額を本年分の上場株式等に係る譲渡所得等の金額及び分離課税配当所得等金額の計算上控除するため、若しくは翌年以後に繰り越すために使用するものです。

○ 本年分において、「上場株式等に係る譲渡所得等の金額」がある方は、この付表を作成する前に、まず「株式等に係る譲渡所得等の金額の計算明細書」の作成をしてください。

1 本年分の上場株式等に係る譲渡損失の金額及び分離課税配当所得等金額の計算

（赤字の金額は、△を付けないで書きます。 2面の2も同じです。）

○ 「①上場株式等に係る譲渡所得等の金額」が黒字の場合又は「②上場株式等に係る譲渡損失の金額」がない場合には、(1)の記載は要しません。また、「④本年分の損益通算前の分離課税配当所得等金額」がない場合には、(2)の記載は要しません。

(1) 本年分の損益通算前の上場株式等に係る譲渡損失の金額

上場株式等に係る譲渡所得等の金額（「株式等に係る譲渡所得等の金額の計算明細書」の 1面 の「上場株式等」の⑪欄の金額）	①	円
上場株式等に係る譲渡損失の金額（※）（「株式等に係る譲渡所得等の金額の計算明細書」の 1面 の「上場株式等」の⑨欄の金額）	②	
本年分の損益通算前の上場株式等に係る譲渡損失の金額（①欄の金額と②欄の金額のうち、いずれか少ない方の金額）	③	

※ ②欄の金額は、租税特別措置法第37条の12の2第2項に規定する上場株式等の譲渡以外の上場株式等の譲渡（相対取引）がある場合については、同項に規定する上場株式等の譲渡に係る金額（「株式等に係る譲渡所得等の金額の計算明細書」の 1面 の「上場株式等」の⑨欄の括弧書の金額）のみを記載します。

(2) 本年分の損益通算前の分離課税配当所得等金額

種目・所得の生ずる場所	利子等・配当等の収入金額(税込)	配当所得に係る負債の利子
	円	円
合　　計	ⓐ 申告書第三表⑰へ	ⓑ
本年分の損益通算前の分離課税配当所得等金額（ⓐ－ⓑ）（赤字の場合には0と書いてください。）	④	

（注）利子所得に係る負債の利子は控除できません。

(3) 本年分の損益通算後の上場株式等に係る譲渡損失の金額又は分離課税配当所得等金額

本年分の損益通算後の上場株式等に係る譲渡損失の金額（③－④）（③欄の金額≦④欄の金額の場合には0と書いてください。）（(2)の記載がない場合には、③欄の金額を移記してください。）	⑤	△を付けて、申告書第三表⑰へ 円
本年分の損益通算後の分離課税配当所得等金額（④－③）（③欄の金額≧④欄の金額の場合には0と書いてください。）（(1)の記載がない場合には、④欄の金額を移記してください。）	⑥	申告書第三表㊸へ

（平成28年分以降用）

H29.11

2 面(確定申告書付表)

2 翌年以後に繰り越される上場株式等に係る譲渡損失の金額の計算

譲渡損失の生じた年分	前年から繰り越された上場株式等に係る譲渡損失の金額	本年分で差し引く上場株式等に係る譲渡損失の金額 (※1)	本年分で差し引くことのできなかった上場株式等に係る譲渡損失の金額
本年の3年前分 (平成__年分)	Ⓐ(前年分の付表の⑦欄の金額) 円	Ⓓ(上場株式等に係る譲渡所得等の金額から差し引く部分) 円	本年の3年前分の譲渡損失の金額を翌年以後に繰り越すことはできません。
		Ⓔ(分離課税配当所得等金額から差し引く部分)	
本年の2年前分 (平成__年分)	Ⓑ(前年分の付表の⑧欄の金額)	Ⓕ(上場株式等に係る譲渡所得等の金額から差し引く部分)	⑦ (Ⓑ-Ⓕ-Ⓖ) 円
		Ⓖ(分離課税配当所得等金額から差し引く部分)	
本年の前年分 (平成__年分)	Ⓒ(前年分の付表の⑤欄の金額)	Ⓗ(上場株式等に係る譲渡所得等の金額から差し引く部分)	⑧ (Ⓒ-Ⓗ-Ⓘ)
		Ⓘ(分離課税配当所得等金額から差し引く部分)	
本年分で上場株式等に係る譲渡所得等の金額から差し引く上場株式等に係る譲渡損失の金額の合計額(Ⓓ+Ⓕ+Ⓗ)		⑨ 計算明細書の「上場株式等」の⑫へ	
本年分で分離課税配当所得等金額から差し引く上場株式等に係る譲渡損失の金額の合計額(Ⓔ+Ⓖ+Ⓘ)		⑩ 申告書第三表㊿へ	
翌年以後に繰り越される上場株式等に係る譲渡損失の金額 (⑤+⑦+⑧)		⑪ 申告書第三表㊿へ(※2) 円	

(注) 1面の⑤欄及び2面の⑦、⑧欄の金額は、翌年の確定申告の際に使用します(翌年に株式等の売却がない場合でも、上場株式等に係る譲渡損失の金額をその年の翌年以後に繰り越すための申告が必要です)。

※1 「本年分で差し引く上場株式等に係る譲渡損失の金額」は、「前年から繰り越された上場株式等に係る譲渡損失の金額」のうち最も古い年に生じた金額から順次控除します。
　また、「本年分で差し引く上場株式等に係る譲渡損失の金額」は、同一の年に生じた「前年から繰り越された上場株式等に係る譲渡損失の金額」内においては、「株式等に係る譲渡所得等の金額の計算明細書」の1面の「上場株式等」の⑪欄の金額(赤字の場合には、0とみなします。)及び「⑥本年分の損益通算後の分離課税配当所得等金額」の合計額を限度として、まず上場株式等に係る譲渡所得等の金額から控除し、なお控除しきれない損失の金額があるときは、分離課税配当所得等金額から控除します。
※2 本年の3年前分に生じた上場株式等に係る譲渡損失のうち、本年分で差し引くことのできなかった上場株式等に係る譲渡損失の金額を、翌年以後に繰り越して控除することはできません。

3 前年から繰り越された上場株式等に係る譲渡損失の金額を控除した後の本年分の分離課税配当所得等金額の計算

○ 「⑥本年分の損益通算後の分離課税配当所得等金額」がない場合には、この欄の記載は要しません。

前年から繰り越された上場株式等に係る譲渡損失の金額を控除した後の本年分の分離課税配当所得等金額(※) (⑥-⑩)	⑫ 申告書第三表㊾へ 円

※ ⑫欄の金額を申告書に転記するに当たって申告書第三表の㉕欄の金額が同⑨欄の金額から控除しきれない場合には、税務署にお尋ねください。

○ 特例の内容又は記載方法についての詳しいことは、税務署にお尋ねください。

先物取引に係る雑所得等の金額の計算明細書

（記載例については、裏面を参照してください。）

（この明細書は、先物取引に係る事業所得や譲渡所得、雑所得について確定申告する場合に使用します。なお、これらのうち２以上の所得があるときは、所得の区分ごとにこの明細書を作成します。詳しくは、『先物取引に係る雑所得等の説明書』を参照してください。）

いずれか当てはまるものを◯で囲んでください。 → 事業所得用 / 譲渡所得用 / 雑所得用

（平成　　年分）　　　　氏　名＿＿＿＿＿＿＿＿＿＿

			Ⓐ	Ⓑ	Ⓒ	合計（Ⓐから©までの計）
取引の内容	種類					
	決済年月日		・　・	・　・	・　・	
	数量		枚	枚	枚	
	決済の方法					
総収入金額	差金等決済に係る利益又は損失の額	①	円	円	円	円
	譲渡による収入金額（※）	②				
	その他の収入	③				
	計（①+③）又は（②+③）	④				
必要経費等	手数料等	⑤				
	②に係る取得費	⑥				
	その他の経費	⑦				
		⑧				
		⑨				
	小計（⑦から⑨までの計）	⑩				
	計（⑤+⑩）又は（⑤+⑥+⑩）	⑪				
所得金額（④－⑪）		⑫				

④ → 申告書第三表（分離課税用）は「収入金額」欄の㋣（申告書第四表（損失申告用）は「１損失額又は所得金額」欄のFのⒶ収入金額）に転記してください。

⑫ → 黒字の場合は、申告書第三表（分離課税用）の「所得金額」欄の(67)（申告書第四表（損失申告用）は「１　損失額又は所得金額」欄のFの(70)）にそのまま転記し、赤字の場合は、申告書第三表（分離課税用）の「所得金額」欄の(67)（申告書第四表（損失申告用）は「１　損失額又は所得金額」欄のFの(70)）に「０」と書いてください。

（※）カバードワラント（金融商品取引法第２条第１項第19号に掲げる有価証券で一定のものをいいます。）の譲渡による譲渡所得についてその譲渡による収入金額を記載してください。

◎　①、④及び⑫欄は金額が赤字のときは、赤書き（△印）してください。

◎　Ⓐから©の各欄は、差金等決済又は譲渡ごとに記載してください。

◎　㋐本年の⑫欄の合計額が赤字のときにその赤字を翌年以降に繰り越す場合や、㋑本年の⑫欄の合計額が黒字のときに前年から繰り越された赤字を本年の黒字から差し引くときには、『平成＿＿年分の所得税及び復興特別所得税の＿＿申告書付表（先物取引に係る繰越損失用）』又は『平成＿＿年分の所得税及び復興特別所得税の＿＿申告書付表（先物取引に係る繰越損失用）（東日本大震災の被災者の方用）』も併せて作成してください。

○この明細書は、申告書と一緒に提出してください。

29.11

第1号様式

消費税課税事業者選択届出書

平成　年　月　日	届 出 者	（フリガナ） 納　税　地　（〒　－　） 　　　　　　　　　　　　　　（電話番号　－　－　） （フリガナ） 住所又は居所 （法人の場合） 本店又は 主たる事務所 の所在地　（〒　－　） 　　　　　　　　　　　　　　（電話番号　－　－　） （フリガナ） 名称（屋号） 個人番号 又は 法人番号　↓個人番号の記載に当たっては，左端を空欄とし、ここから記載してください。 （フリガナ） 氏　名 （法人の場合） 代表者氏名　　　　　　　　　　　　　　　印 （フリガナ） （法人の場合） 代表者住所　　　　　　　　　　（電話番号　－　－　）
＿＿＿＿税務署長殿		

　下記のとおり、納税義務の免除の規定の適用を受けないことについて、消費税法第9条第4項の規定により届出します。

適用開始課税期間	自 平成　年　月　日　至 平成　年　月　日		
上記期間の 基準期間	自 平成　年　月　日	左記期間の総売上高	円
	至 平成　年　月　日	左記期間の課税売上高	円

事業内容等	生年月日（個人）又は設立年月日（法人）	1明治・2大正・3昭和・4平成　年　月　日	法人のみ記載	事業年度	自　月　日至　月　日
				資本金	円
	事業内容		届出区分	事業開始・設立・相続・合併・分割・特別会計・その他	

参考事項		税理士 署　名 押　印	（電話番号　－　－　）　　印

※税務署処理欄	整理番号		部門番号					
	届出年月日	年　月　日	入力処理	年　月　日	台帳整理	年　月　日		
	通信日付印 年　月　日	確認印	番号 確認		身元 確認	□済 □未済	確認書類	個人番号カード／通知カード・運転免許証 その他（　　）

注意　1．裏面の記載要領等に留意の上、記載してください。
　　　2．税務署処理欄は、記載しないでください。

第2号様式

消費税課税事業者選択不適用届出書

収受印

平成　年　月　日	届出者	（フリガナ）	
		納税地	（〒　－　） （電話番号　－　－　）
		（フリガナ）	
		氏名又は名称及び代表者氏名	印
＿＿＿＿税務署長殿		個人番号又は法人番号	※個人番号の記載に当たっては、左端を空欄とし、ここから記載してください。

　下記のとおり、課税事業者を選択することをやめたいので、消費税法第9条第5項の規定により届出します。

①	この届出の適用開始課税期間	自平成　年　月　日　至平成　年　月　日
②	①の基準期間	自平成　年　月　日　至平成　年　月　日
③	②の課税売上高	円

※ この届出書を提出した場合であっても、特定期間（原則として、①の課税期間の前年の1月1日（法人の場合は前事業年度開始の日）から6か月間）の課税売上高が1千万円を超える場合には、①の課税期間の納税義務は免除されないこととなります。詳しくは、裏面をご覧ください。

課税事業者となった日	平成　年　月　日	
事業を廃止した場合の廃止した日	平成　年　月　日	
提出要件の確認	課税事業者となった日から2年を経過する日までの間に開始した各課税期間中に調整対象固定資産の課税仕入れ等を行っていない。	はい □
	※ この届出書を提出した課税期間が、課税事業者となった日から2年を経過する日までに開始した各課税期間である場合、この届出書提出後、届出を行った課税期間中に調整対象固定資産の課税仕入れ等を行うと、原則としてこの届出書の提出はなかったものとみなされます。詳しくは、裏面をご確認ください。	
参　考　事　項		
税理士署名押印		印 （電話番号　－　－　）

※税務署処理欄	整理番号		部門番号			
	届出年月日	年　月　日	入力処理	年　月　日	台帳整理	年　月　日
	通信日付印 年　月　日	確認印	番号確認	身元確認　済／未済	確認書類　個人番号カード／通知カード・運転免許証 その他（　　　）	

注意　1．裏面の記載要領等に留意の上、記載してください。
　　　2．税務署処理欄は、記載しないでください。

参考資料 16 235

平成30年分 公的年金等の受給者の扶養親族等申告書

相続等に係る生命保険契約等に基づく年金の雑所得の金額の計算書（本表）

住 所		フリガナ 氏 名	

1　保険契約等に関する事項

年金の支払開始年	①	平成・昭和＿＿＿年	年金の残存期間等 (別表1により求めた年数)	②	＿＿＿年
年金の支払総額(見込額) (別表1により計算した金額)	③	円	年金の支払総額(見込額)に占める保険料又は掛金の総額の割合	④	％

2　所得金額の計算の基礎となる事項

年金の残存期間等に応じた割合 (右表により求めた割合)	⑤	％
(③×⑤)	⑥	円
年金の残存期間等に応じた単位数 (別表4により計算した単位数)	⑦	単位
1単位当たりの金額 (⑥÷⑦)	⑧	円

（表）年金の残存期間等に応じた割合

②の年数	⑤の割合
5年以下	30％
6年以上10年以下	40％
11年以上	100％

3　各年分の雑所得の金額の計算

申告又は更正の請求を行う年分	⑨	平成　　年分	平成　　年分	平成　　年分	平成　　年分	平成　　年分
(⑨−①+1) (注1)	⑩					
単位数 (⑩−1) (注2)	⑪	単位	単位	単位	単位	単位
支払年金対応額 (⑧×⑪)	⑫	円	円	円	円	円
年金が月払等の場合	⑬					
剰余金等の金額	⑭					
総収入金額 ((⑫又は⑬)＋⑭)	⑮					
必要経費の額 ((⑫又は⑬)×④) (注3)	⑯					
雑所得の金額 (⑮−⑯)	⑰					

(注1)　①の年号が「昭和」の場合は、「⑨＋64−①」を書きます。
　　　　また、「⑨−①+1」(又は、「⑨＋64−①」)が、②の年数を超える場合は、②の年数を書きます。
(注2)　「⑩−1」が、②の年数に応じた次の上限を超える場合は、その上限を書きます。

②の年数	上限	②の年数	上限	②の年数	上限
11年から15年	②−2	26年から35年	②−14	56年から80年	26
16年から25年	②−6	36年から55年	②−29	−	−

(注3)　「⑨−①+1」(又は、「⑨＋64−①」)が、②の年数を超える場合は、「0」と書きます。
　　　　また、⑬の金額の記載がある場合には、別紙の書き方を参照してください。

【別表1】 本表②及び本表③の年数等

		年 数
年金の残存期間	a	＿＿＿年
相続等の時(年金の支払開始日)の年齢に応じた別表2により求めた年数	b	(＿＿歳)⇒＿＿年
保証残存期間	c	＿＿＿年

○ 上のaからcの記載の状況に応じ、下記の表に当てはめて本表②及び③に記載する年数等を求めます。

		本表②に記載する年数	本表③に記載する金額
aのみ記載がある場合		aの年数	年金の支払総額(見込額)
bのみ記載がある場合		bの年数	
aとbに記載がある場合		aとbのいずれか短い年数	
bとcに記載がある場合		bとcのいずれか長い年数 ※ ただし、bとcの年数が別表3に掲げる組合せに該当するときは、bとcのいずれか短い年数	年金の支払総額(見込額) ※ ただし書に該当するときは、以下の算式で計算した金額
a・b・cのいずれにも記載がある場合	bがaより短いとき		
	bがaより長いとき	aの年数	年金の支払総額(見込額)

〔算式〕

年金の支払総額(見込額) ÷ bとcのいずれか長い年数 × 短い年数 = 本表③に記載する金額 (小数点以下切捨て)

【別表2】 bの年数

bの年齢	bの年齢に応じた年数		bの年齢	bの年齢に応じた年数		bの年齢	bの年齢に応じた年数	
	男	女		男	女		男	女
36	40	45	51	26	31	66	14	18
37	39	44	52	25	30	67	14	17
38	38	43	53	25	29	68	13	16
39	37	42	54	24	28	69	12	15
40	36	41	55	23	27	70	12	14
41	35	40	56	22	26	71	11	14
42	34	39	57	21	25	72	10	13
43	33	38	58	20	25	73	10	12
44	32	37	59	20	24	74	9	11
45	32	36	60	19	23	75	8	11
46	31	36	61	18	22	76	8	10
47	30	35	62	17	21	77	7	9
48	29	34	63	17	20	78	7	9
49	28	33	64	16	19	79	6	8
50	27	32	65	15	18	80	6	8

【別表3】 bとcの組合せ

bとcのいずれか一方がイの年数で他方が口の年数のとき
(イの年数を本表②に記載します。)

イ	ロ
10年	11年
13年	16年
14年	16・17年
15年	16〜18年
20年	26・36〜38年
21年	26・27・36〜39年
22年	26〜28・36〜41年
23年	26〜30・36〜42年
24年	26〜31・36〜44年
25年	26〜32・36〜45年
26年	36年
27年	36〜38年
28年	36〜40年
29年	36〜41年
30年	36〜42年

【別表4】本表⑦の単位数

○ 本表②の年数が10年以下の場合

本表②の年数	単位数(本表⑦に記載)	本表②の年数	単位数(本表⑦に記載)
1年	0	6年	15
2年	1	7年	21
3年	3	8年	28
4年	6	9年	36
5年	10	10年	45

○ 本表②の年数が11年以上の場合

②の年数 ＿＿年 × (②の年数 ＿＿年 − 【調整年数】 ＿＿年) = 単位数 ＿＿

【調整年数】

本表②の年数	調整年数	本表②の年数	調整年数
11年から15年	1年	26年から35年	13年
16年から25年	5年	36年から55年	28年

【別表5】 本表⑫の金額(申告又は更正の請求を行う年分ごとに計算します。)

各年の年金支払額	1単位当たりの金額(本表⑧の金額)	単位数(A÷B)(注)	本表⑫に記載する金額(B×C)	
A	B	C		円

(注) 小数点以下切捨て。
小数点以下の端数が生じないときは、「A÷B−1」を記載します。

相続等に係る生命保険契約等に基づく年金の雑所得の金額の計算書
（所得税法施行令第185条第2項又は第186条第2項に基づき計算する場合）

住　所		フリガナ	
		氏　名	

1　保険契約等に関する事項

年金の支払開始年	①	平成＿＿＿年	年金の支払総額（見込額）に占める保険料又は掛金の総額の割合	④	％
年金の残存期間等 （別表1により求めた年数）	②	＿＿＿年	当該年金に係る権利について相続税法第24条の規定により評価された額	⑤	
年金の支払総額（見込額） （別表1により計算した金額）	③		相続税評価割合 （⑤÷③）	⑥	％

2　所得金額の計算の基礎となる事項

相続税評価割合に応じた割合 （右表により求めた割合）	⑦	％
（③×⑦）	⑧	円
別表3により計算した単位数	⑨	単位
1単位当たりの金額 （⑧÷⑨）	⑩	円

（表）相続税評価割合（⑥の割合）に応じた割合

相続税評価割合	⑦の割合	相続税評価割合	⑦の割合
50％以下	100％	80％超〜83％	17％
50％超〜55％	45％	83％超〜86％	14％
55％超〜60％	40％	86％超〜89％	11％
60％超〜65％	35％	89％超〜92％	8％
65％超〜70％	30％	92％超〜95％	5％
70％超〜75％	25％	95％超〜98％	2％
75％超〜80％	20％	98％超	0％

3　各年分の雑所得の金額の計算

区　分		⑥が50％超の場合	⑥が50％以下の場合
申告を行う年分	⑪	平成	平成
（⑪－①＋1） （注1）	⑫		
単位数　（⑫－1） （注2）	⑬	単位	単位
支払年金対応額（⑩×⑬）	⑭	円	円
（注3）　年金が月払等の場合	⑮		
剰余金等の金額	⑯		
総収入金額 （（⑭又は⑮）＋⑯）	⑰		
必要経費の額 （（⑭又は⑮）×④）（注4）	⑱		
雑所得の金額 （⑰－⑱）	⑲		

(注1)
「⑪－①＋1」が②の年数を超える場合は、②の年数を書きます。

(注2)
「⑫－1」が、別表3の「特定期間年数」を超える場合には、別表3の「特定期間年数」を書きます。

(注3)
⑥が50％以下の場合で、「⑫－1」が、別表3の「特定期間年数」を超える場合は、⑩×⑬で計算した金額から1円を控除した金額を書きます。
⑭の金額が、各年に支払いを受ける年金額を超える場合は、別表4により計算した金額を書きます。

(注4)
「⑪－①＋1」が、②の年数を超える場合は、「0」と書きます。
また、⑮の金額の記載がある場合には、別紙の書き方を参照してください。

【別表1】 本表②及び本表③の年数等

		年　数
年金の残存期間	a	＿＿＿年
相続等の時(年金の支払開始日)の年齢に応じた別表2により求めた年数	b	(＿＿歳) ⇒ ＿＿＿年
保証残存期間	c	＿＿＿年

○ 上のaからcの記載の状況に応じ、下記の表に当てはめて本表②及び③に記載する年数等を求めます。

		本表②に記載する年数	本表③に記載する金額
aのみ記載がある場合（確定年金）		aの年数	年金の支払総額（見込額）
bのみ記載がある場合（終身年金）		bの年数	
aとbに記載がある場合（有期年金）		aとbのいずれか短い年数	
bとcに記載がある場合（特定終身年金）		bとcのいずれか長い年数	年金の支払総額（見込額）
a・b・cのいずれにも記載がある場合（特定有期年金）	bがaより短いとき		
	bがaより長いとき	aの年数	年金の支払総額（見込額）

【別表2】 bの年数

bの年齢	bの年齢に応じた年数 男	bの年齢に応じた年数 女	bの年齢	bの年齢に応じた年数 男	bの年齢に応じた年数 女	bの年齢	bの年齢に応じた年数 男	bの年齢に応じた年数 女	bの年齢	bの年齢に応じた年数 男	bの年齢に応じた年数 女	bの年齢	bの年齢に応じた年数 男	bの年齢に応じた年数 女
21	54	60	36	40	45	51	26	31	66	14	18	81	6	7
22	53	59	37	39	44	52	25	30	67	14	17	82	5	7
23	52	58	38	38	43	53	25	29	68	13	16	83	5	6
24	51	57	39	37	42	54	24	28	69	12	15	84	4	6
25	50	56	40	36	41	55	23	27	70	12	14	85	4	5
26	50	55	41	35	40	56	22	26	71	11	14	86	4	5
27	49	54	42	34	39	57	21	25	72	10	13	87	4	4
28	48	53	43	33	38	58	20	25	73	10	12	88	3	4
29	47	52	44	32	37	59	20	24	74	9	11	89	3	4
30	46	51	45	32	36	60	19	23	75	8	11	90	3	3
31	45	50	46	31	36	61	18	22	76	8	10	91	3	3
32	44	49	47	30	35	62	17	21	77	7	9	92	2	3
33	43	48	48	29	34	63	17	20	78	7	9	93	2	3
34	42	47	49	28	33	64	16	19	79	6	8	94	2	2
35	41	46	50	27	32	65	15	18	80	6	8	95	2	2

【別表3】 本表⑨の単位数

○ 本表⑥が50%超である場合

{ [②の年数] 年 × ([②の年数] 年 － 1) } ÷ 2 ＝ [単位数]

○ 本表⑥が50%以下である場合

[②の年数] 年 × [特定期間算出割合] ％ － 1 ＝ [特定期間年数]

[②の年数] 年 × [特定期間年数] 年 ＝ [単位数]

【特定期間算出割合】

相続税評価割合（本表⑥）	特定期間算出割合
〜10%	20%
10%超〜20%	40%
20%超〜30%	60%
30%超〜40%	80%
40%超〜50%	100%

【別表4】 本表⑭の金額

各年の年金支払額	1単位当たりの金額（本表⑩の金額）	単位数（A÷B）（注）	本表⑭に記載する金額（B×C）
A	B	C	円

(注) 小数点以下切捨て。
小数点以下の端数が生じないときは、「A÷B－1」を記載します。

<著者紹介>

日景　智（ひかげ　さとし）

昭和５７年３月	京都大学法学部卒
平成１８年３月	筑波大学大学院ビジネス科学研究科博士前期課程修了 （法学修士）
昭和５７年４月	大阪国税局採用
その後	大阪国税局、国税庁において所得税審理事務 税務大学校研究部において国際協力業務及び 所得税に関する研究業務 東京国税不服審判所において審査事務 麹町税務署において所得税等の審理事務 に従事するなどし、
平成２９年３月	東京国税局税務相談室相談官を最後に退職
同年４月より	千葉商科大学会計大学院会計ファイナンス研究科客員教授 （所得税担当）
平成３０年１月より	税理士法人茂呂総合研究所所属税理士

本書の内容に関するご質問は、ファクシミリ等、文書で編集部宛にお願いいたします。(fax 03-6777-3483)
なお、個別のご相談は受け付けておりません。

本書刊行後に追加・修正事項がある場合は、随時、当社のホームページ（https://www.zeiken.co.jp）にてお知らせいたします。

働き方改革と所得税

平成30年12月14日　初版第1刷印刷
平成30年12月28日　初版第1刷発行

（著者承認検印省略）

© 著　者　日　景　　　智
発行所　税務研究会出版局
代表者　山　根　　　毅

郵便番号100-0005
東京都千代田区丸の内1-8-2
鉄鋼ビルディング
振替00160-3-76223
電話〔書籍編集〕　03（6777）3463
　　〔書店専用〕　03（6777）3466
　　〔書籍注文〕　03（6777）3450
　　（お客さまサービスセンター）

● 各事業所　電話番号一覧 ●

北海道　011（221）8348　　神奈川　045（263）2822　　中　国　082（243）3720
東　北　022（222）3858　　中　部　052（261）0381　　九　州　092（721）0644
関　信　048（647）5544　　関　西　06（6943）2251

当社HP → https://www.zeiken.co.jp

乱丁・落丁の場合はお取替え致します。　　　印刷・製本　㈱光邦
ISBN978-4-7931-2414-3

週刊 経営財務 データベース付き

+

週刊 経営財務（データベース付き） **52,920 円（税込）**
(週刊経営財務と経営財務データベースのセット契約) ※平成30年5月現在の金額となります。

最新の**会計系法令・会計規則**を収録 オールインワン

法律・政令・府令・省令・会計規則を網羅。

金融商品取引法関係、会社法関係、商法関係、企業会計基準委員会公表の会計基準等、監査基準、日本公認会計士協会公表資料（一部）

経営財務記事内のリンクから、その場で条文確認！

別ウィンドウで **法令へ**

第89条 営業損益金額の表示

記事本文、条文に関連法令の記述がある場合、該当する法令ページに遷移できます。

条文がスラスラ読める！

印刷

括弧を隠す　括弧を色分け

条文の括弧を、一時的に非表示にすることができます。階層ごとに色分けも可能です。

年度ごとに積み上げ！過去の条文もラクラク確認

年度を選んでクリック

年度のタブから、過去の年度に表示を切り替えることができます。

その他、新旧対照表も収録。法令集内で条番号指定検索もできます。

| お問合せ お申込先 | 株式会社 税務研究会 お客さまサービスセンター | 〒100-0005 東京都千代田区丸の内1-8-2 鉄鋼ビルディング https://www.zeiken.co.jp TEL.03-6777-3450 |

週刊 税務通信 データベース付き

週刊 税務通信（データベース付き）　　**51,840 円（税込）**
（週刊税務通信と税務通信データベースのセット契約）
※平成30年3月現在の金額となります。

最新の **税務系法令・通達** を収録【72本】※

※平成30年3月現在

法律・政省令・通達を網羅。

法人税法関係、所得税法関係、租税特別措置法関係、消費税法関係、相続税法関係、国税通則法関係、地方税法関係、会社法関係、財産評価基本通達、耐用年数通達…etc

記事内のリンクをクリック、その場で確認！

別ウィンドウで **法令へ**

24 私道の用に供されている宅地の評価

　私道の用に供されている宅地の価額は、11《評価の（による評価）》までの定めにより計算した価額の100分で評価する。この場合において、その私道が不特定多いるときは、その私道の価額は評価しない。

記事本文、条文に関連法令の記述がある場合、該当する法令ページに直接リンクが張られています。（法令は法令集に収録されているもの）

改正履歴もすぐわかる！

同じ34条でも

改正前の法令へ

改正後（または現行）の法令へ

記事本文から法令集へのリンクは年度別に指定されているため、新法と旧法の比較も簡単にできます。

条文がスラスラ読める！ 括弧編集機能付き！

印刷

括弧を隠す　　括弧を色分け

条文のかっこを、一時的に非表示にする機能、階層ごとに色分けする機能があります。

その他、新旧対照表も収録。法令集内で条番号指定検索もできます。

お問合せ・お申込先　　**株式会社 税務研究会**　お客さまサービスセンター

〒100-0005 東京都千代田区丸の内1-8-2 鉄鋼ビルディング
https://www.zeiken.co.jp　**TEL.03-6777-3450**